있는 그대로의 나로
잘 살고 싶다면

있는 그대로의 나로 잘 살고 싶다면

초판 1쇄 2022년 2월 25일
초판 2쇄 2022년 5월 30일

지은이 김용태

발행인 정경진
기획 고준영
편집 정규보
디자인 정보라
교열 김화선
마케팅 김찬완

펴낸 곳 ㈜알피스페이스
출판등록 제2012-000067호(2012년 2월 22일)
주소 서울 강남구 삼성로 634(삼성동)
문의 02-2002-9880
블로그 the_denstory.blog.me

ISBN 979-11-91221-19-0 03180

Denstory는 ㈜알피스페이스의 출판 브랜드입니다.
파본이나 잘못된 책은 구입하신 곳에서 바꿔드립니다.

자기수용에 관한 상담치료

있는 그대로의 나로 잘 살고 싶다면

김용태 지음

Denstory

있는 그대로의 자신을 받아들여
불완전함을 인정하는 용기를 가져야 한다.

_알프레드 아들러

프 | 롤 | 로 | 그

키 작은 나도 괜찮다

학창 시절 나는 작은 키에 열등감이 있었다. 중학생 때 일이다. 반에서 키도 크고 덩치도 큰 아이가 쉬는 시간에 공부하고 있는 나를 놀리듯 툭 치고 지나갔다. 나는 아무런 반응을 보이지 않고 계속 공부만 했다. 다음 날, 그 친구가 또 나를 툭 치고 지나갔다. 두 번째도 꾹 참았다. 학교에서 모범생으로 불리던 내 이미지를 망가뜨리고 싶지 않았기 때문이다(그때는 몰랐는데 나중에 알게 된 마음이다). 그런데 그 친구가 세 번째로 나를 치고 지나갈 때는 도저히 참을 수가 없었다. 나는 벌떡 일어나 의자를 집어서 그 친구 쪽으로 힘껏 던져버렸다. 의자는 우당탕 벼락 치는 소리를 내면서 바닥에 떨어졌다. 다행히 친구는 재빨리 피했다. 반 아이들은 하던 일을 멈추고 전부 나를 쳐다보았다. 늘 조용히 있다가 갑자기 헐크처럼 변한 나를 바라보던 친구들의 놀란 표정이 지금도 생생하다. 내 열등감이 엄청난 분노를 품고 있었던 것이다.

대학에 가서도 키에 대한 열등감은 계속 이어져 여자친구를 제대로 사귀지 못했다. 혼자여도 괜찮다고 생각하거나, 간혹 나에게 먼저 관심을 보이는 여학생과 간단한 데이트만 할 정도로 소극적이었다. 내 속에는 '나처럼 키 작은 남자를 어떤 여자가 좋아할까?'라는 생각이 깔려 있었다. '키가 더 크고 사나이다운 멋진 몸을 가졌으면 얼마나 좋을까' 하는 소망도 있었다. 그때의 나는 현실과 상상의 간극만큼 불행하고 우울했다.

상담을 전공하면서 나는 키 작은 열등감을 해결할 실마리를 찾게 됐다. 그때 나를 치료한 방법이 바로 '사기수용'이었다. '키 작은 나도 괜찮다'고 나의 작은 키를 수용하고부터 거짓말처럼 나는 더 이상 열등감에 시달리지 않게 되었다. '작은 고추가 맵다'는 말이 있듯 스스로 단단한 사람이란 생각도 들었다.

자신을 있는 그대로 받아들이기 어려운 가장 큰 이유는 자기의 실체보다 더 큰(좋은, 멋진, 거대한) 자기의 모습을 만들고, 그 모습으로 살고 싶어 하는 욕구 때문이다. 그리고 마치 그런 것처럼 살기도 한다. 어린 아이가 아버지의 양복을 입고 큰 양복에 자기 몸을 맞추려고 끙끙대는 모습을 상상하면 이해하기 쉬울 듯하다. 이것을 달리 표현하면 '마음의 인플레이션(inflation)'이라고 할 수 있다. 마음의 인플레이션은 있는 그대로의 현실을 부정하고 사실을 왜곡하여 자신을 더 크게 부풀리는 것이다. 여러 가지 이유로 자신의 현실을 받아들이기 힘든 많은 사람들이 이런 거품 속에 살고 있다. 자기를 인플레이션하면 자아가 분열된다. 원하는 나와 실재의 나, 이 분열이 클수록 삶이 힘들어진다.

나를 찾아오는 사람들은 대부분 정신적으로 지칠 대로 지친 상태다. 이러한 사람들이 비용을 지불하면서 심리 상담을 신청하는 건, 그만큼 심각성을 자각했거나 절박한 위기감을 느꼈다는 뜻이다. 내담자들이 위기감을 느끼는 상황은 제각각이지만, 그 원인을 파헤쳐보면 공통점이 있다. 자신의 현실을 있는 그대로 받아들이고 싶지 않은 마음이다. 현실을 부정하며 다른 사람을 탓해서 자신도 고통스럽고 다른 사람도 힘들게 만든다.

내가 고통을 호소하는 내담자들에게 가장 먼저 하는 일은 공감이다. 내담자들의 화나고 분하고 억울하고 속상한 마음을 알아준다. 공감을 통해서 감정을 알아주면 내담자들은 무겁게 누르던 감정의 압박에서 벗어나 숨 쉴 틈을 가지면서 비로소 자신을 볼 수 있게 된다. 그 후 내담자가 사실을 왜곡되게 인지하고 있는 부분을 다룬다. 상담 용어로 '인지 왜곡'이라고 한다. 인지 왜곡을 다룰 때는 먼저 내담자가 기대하고 바라는 현실이 아닌, 실제의 현실을 보게 한다. 그리고 내담자가 원하는 사실이 아니라 실재의 사실을 수용하도록 돕고, 끝으로 그런 상황에 처한 자신을 수용할 수 있도록 작업을 한다. 이렇게 해서 자기 자신을 온전히 받아들이게 되면 상담이 거의 마무리된다.

자기 자신을 있는 그대로 받아들일 수 있게 되면 세상이 달라진다. 지금까지 뭔지도 모른 채 눌리던 무거운 짐과 고통으로부터 자유로워질 수 있다. 내가 왜 고통스러운지 내면의 원인과 진실을 볼 수 있기 때문이다. 이렇게 되면 그동안 외면해왔던 내면의 나와 연결이 되고 진정한 나를 찾을 수 있게 된다. 쉬운 일은 아니지만 인생을 살면서 가장 보람된 작업이라고 할 수 있다. 진정한 자아를 찾고 자신을 아는 사람은 주변 상황이나 타인의 생각에 휘둘리지 않고 자신이 원하는 삶을 살아갈 수 있다.

이 책은 겉으로는 괜찮아 보이지만 속으로는 괜찮지 않은 사람들을 위한 책이다. 남들 보기에는 문제가 없어 보이지만 속으로는 자신을 들볶고 자신의 못난 점을 남들이 알아채지 못하도록 전전긍긍하며 사는 사람들을 위한 책이다. 그렇게 살지 않아도 괜찮다고, 지금 그대로도 괜찮다고 말하는 책이다.

현실을 부정하거나 회피하는 삶은 모래성 위에 지은 집과 같아 멀쩡한 듯하나 일순간에 무너진다. 그러나 현실을 인정하고 수용하면서 적으나마 가진 것으로 도전하는 삶은 차근차근 쌓아가는 인생이 된다. 이 책은 그런 인생을 살고자 하는 사람들에게 용기를 주기 위한 책이다.

나를 받아들이는 수용의 자세와 태도는 성숙함과 자유로 향하는 길이다. 나의 한계, 인간의 한계, 사회의 영향에서 벗어날 내면의 힘을 가져야 가능한 일이다. 엄청난 힘이 필요하다. 그런데 이 힘은 완벽해지려고 노력함으로써 가질 수 있는 것이 아니다. 아이러니하게도 나의 열등감, 못난 부분을 받아들이고 인정할 수 있을 때 가능해진다. 한계 없고 약점 없이 완벽해지려고 애써서가 아니라 있는 그대로의 나를 받아들임으로써 가능해진다. 이 책이 당신을 그 길로 인도해 편안한 삶을 사는 데 도움이 되기를 기도한다.

이 책을 출판하는 데 도움을 준 사람들이 있다. 수용이라는 주제로 책을 기획한 고준영 기획자와 맛깔나게 글을 정리해준 최은숙 작가, 늘 지지하고 기다려주는 덴스토리 출판사에게 감사드린다. 상담실에 찾아와 자기수용의 어려운 길을 가며 함께 울고 웃었던 내담자들과 상담센터 식구들에게도 감사드린다. 내가 상담자가 아니라 한 인간으로서 여러 면으로 수용의 자세와 태도를 갖게 해준 아내와 아들, 딸에게도 감사하다. 끝으로 인간의 한계를 알게 하시며 나를 수용의 길로 인도하신 하나님께 감사드린다.

2022년 1월

김용태

목 | 차

2장 나만의 문제는 아니다

3장 불완전한 대로 잘 살기

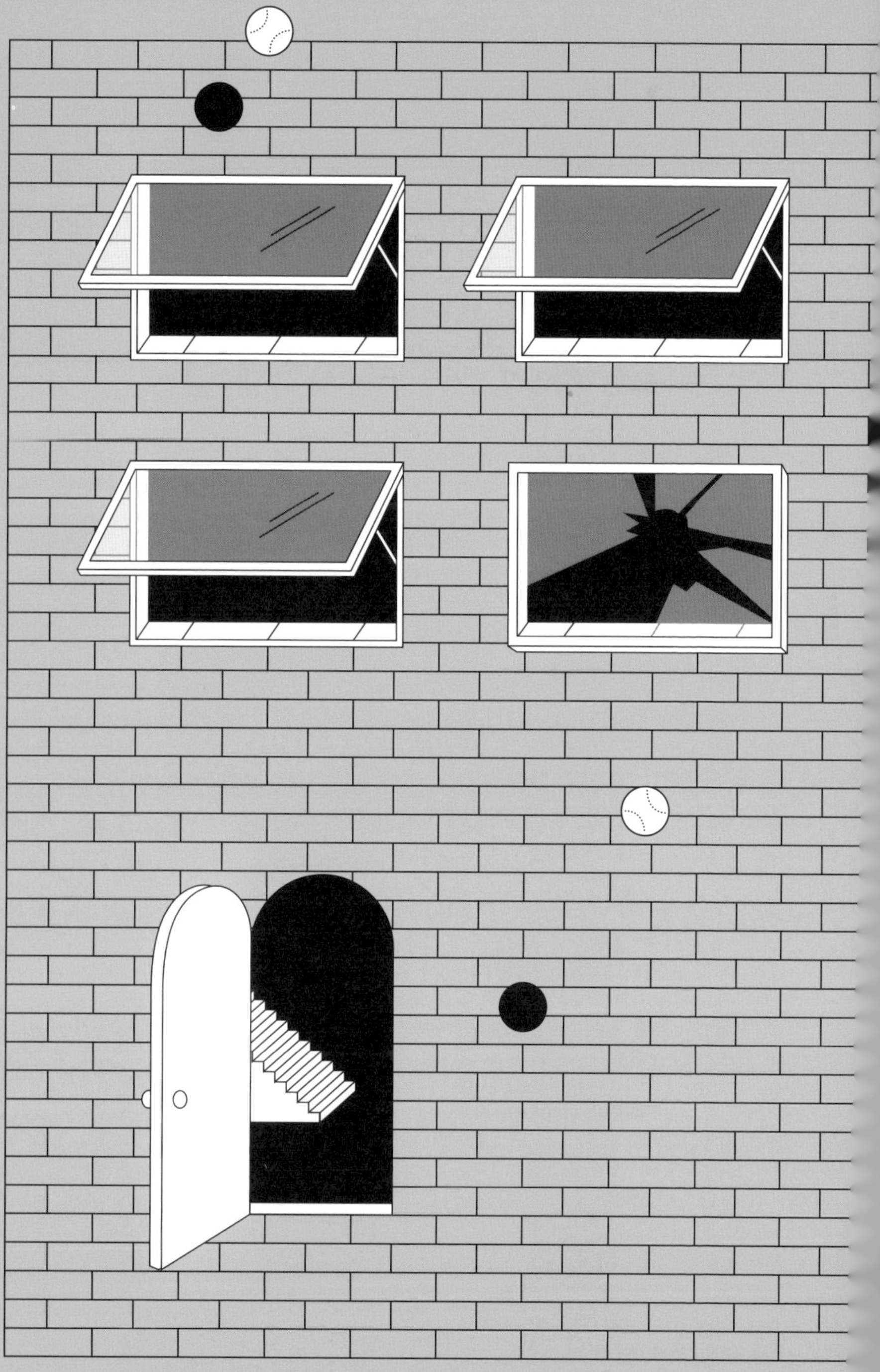

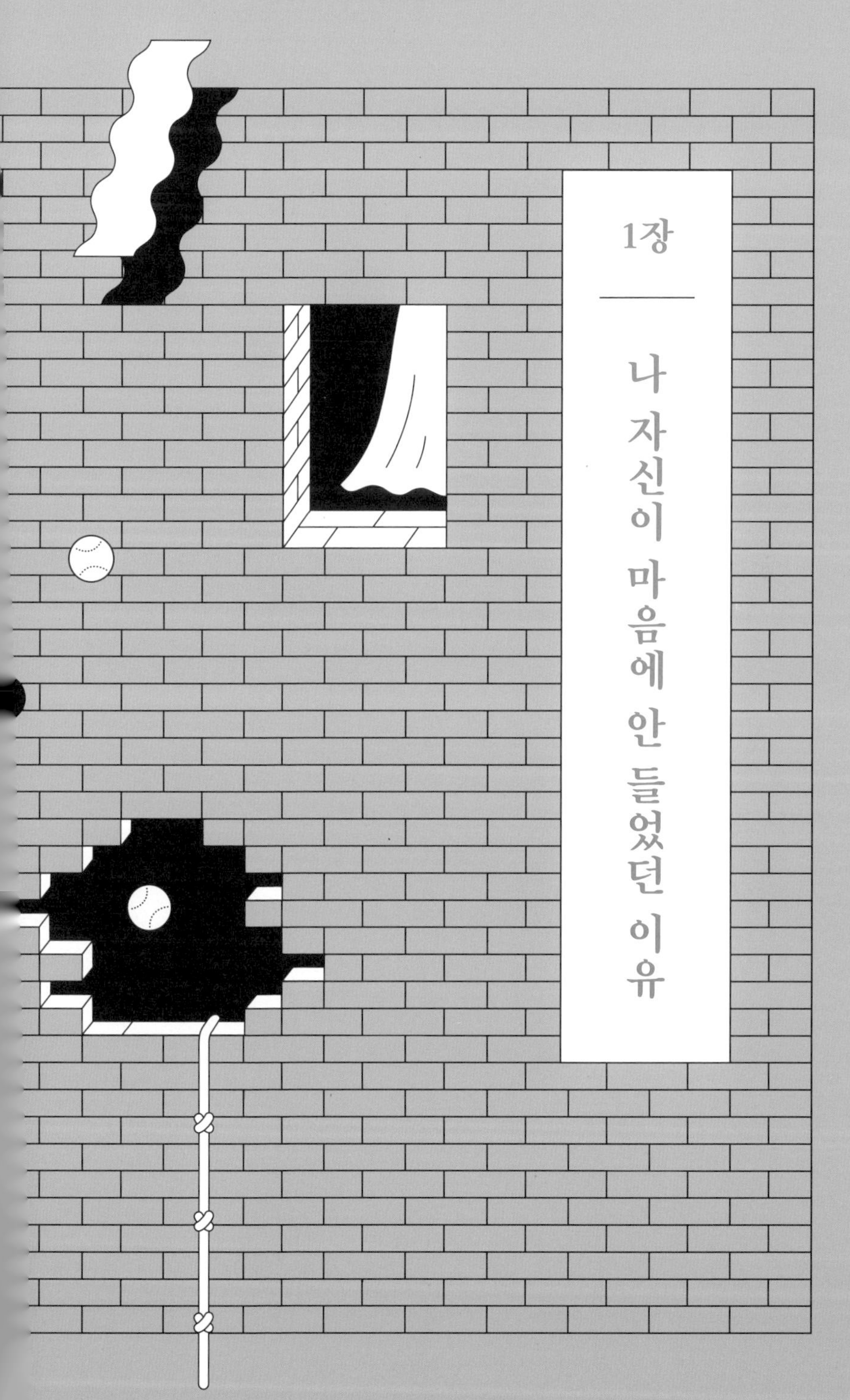

1장

나 자신이 마음에 안 들었던 이유

01

웹디자이너 지혜 씨 이야기

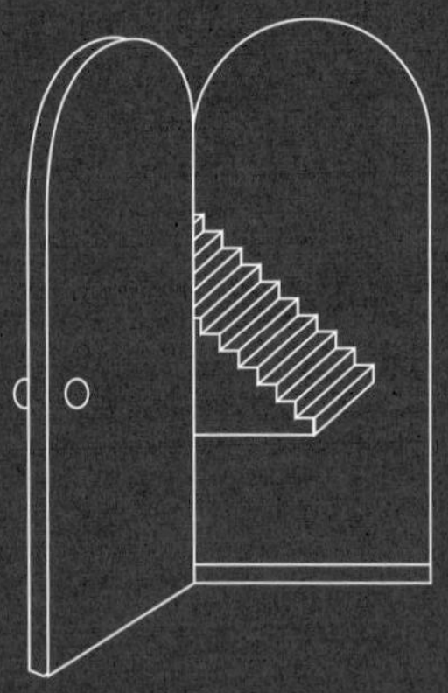

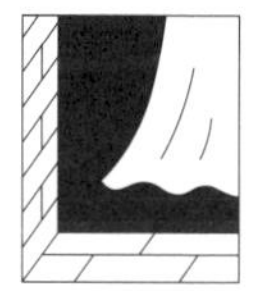

내 인생은 왜 이럴까?

지혜는 식은 커피 잔을 바라보며 굳은 표정으로 앉아 있었다. 맞은편에 앉은 김 과장은 지혜의 눈치를 살피며 길게 한숨을 내쉬었다.

"나도 기가 막히고 맥이 빠지네요. 갑자기 위에서 프로젝트를 전면 보류하라고 하니 난들 어쩝니까? 일이라는 게 원래 그렇잖아요. 다 될 것 같다가도 한순간에 엎어지고……. 그동안 지혜 씨가 혼자 얼마나 애썼는지를 아니까 저도 뭐라고 할 말이 없네요. 정말 죄송하게 됐어요."

몇 달 동안 밤을 새워가며 땀 흘려 만든 디자인 시안 작업이 한순간에 휴지 조각이 되어버렸다. 일의 진행이 순조로워서 목돈을 받으면 어디에 쓸까 상상하며 집을 나섰는데, 몇 분 만에 모든 기대가 와르르 무너져버렸다. 지혜는 금방이라도 솟구칠 것 같은 눈물을 참느라 안간힘을 쓰고 있었다.

"아, 뭐 이게 끝은 아니잖습니까? 다음에 또 더 좋은 기회가 있겠죠. 너무 상심하지 마세요."

카페 안의 소음과 김 과장의 목소리가 먼지 덩이처럼 뭉쳐져서 공허한 울림이 되어 날아왔다.

"그럼 저는 처리해야 할 일이 많아서 이만 일어설게요. 또 연락드리겠습니다."

도망치듯 카페를 빠져나가는 김 과장의 뒤통수에 대고 "다신 연락하지 마! 너처럼 무책임한 놈하고는 더 이상 일 안 할 거야! 기껏 사람 부려먹고 이제 와서 미안하다고 한마디 하면 다야? 이 못된 놈아!" 하고 욕이라도 퍼붓고 싶었지만, 지혜는 아무 말도 할 수가 없었다. 대신 엉거주춤 일어서서 "네. 살펴 가세요"라고 말하고는 털썩 다시 자리에 주저앉고 말았다.

"내 인생은 왜 이 모양일까?"

지혜는 길게 한숨을 내쉬며 중얼거렸다.

'그때 준희를 임신하지만 않았어도 내 꼴이 이렇게까지 되진 않았을 텐데…….'

자신의 현실이 초라하게 느껴질 때마다 지혜는 습관처럼 먼 과거로 끌려들어 갔다.

미대생 시절 교수님으로부터 재능을 인정받고 각종 디자인 공모전에서 상을 휩쓸었던 지혜는 친구들에게 부러움의 대상이었다. 대기업에서 스카우트 제의도 들어와서 즐거운 고민에 싸여 있었다. 교수님의 조언

대로 대학원에 진학해서 더 공부하고 싶은 마음도 있었다. 하지만 남자 친구와 딱 한 번의 실수로 임신이 되면서 지혜의 인생은 예기치 못한 방향으로 급물살을 탔다. 앞뒤 가릴 새도 없이 부랴부랴 결혼을 하게 됐고, 꿈을 제대로 펼치기도 전에 아기 엄마와 초보 주부의 삶을 부산하게 살아내야만 했다. 아이가 어린이집에 갈 나이가 되면서 겨우 한숨 돌리고 할 일을 찾아 나섰지만 쉽지 않았다. 결국 친구의 조언으로 프리랜서 웹디자이너로 소소한 일들을 하게 됐다.

고등학교 때부터 삼총사였던 정현이는 대기업에 들어가 안정된 삶을 살고 있고, 수경이는 남편의 사업이 크게 성공하면서 사모님으로 신분 상승했다. 그런데 내 꼴은 이게 뭔가……? 자괴감과 함께 차오른 울적한 마음이 결국 눈물이 되어 지혜의 뺨을 타고 흘러내렸다.

친구를 질투하다니

거리로 나선 지혜는 허한 마음을 감싸 안고 하염없이 걷고 또 걸었다. 길거리에 나뒹구는 낙엽들이 마치 자신의 신세처럼 처량해 보였다. 일이 잘되는 줄 알고 잔뜩 기대하고 있을 남편에게 뭐라고 말해야 할지도 막막했다. 게다가 오늘 가기로 한 친구 수경의 생일 파티는 무슨 핑계를 대고 빠져야 할지 답답했다. 지금 기분으로는 아무도 만나고 싶지 않았다. 그때 핸드폰이 울렸다. 친구 정현이였다. 고등학교 때 미술반에서 같이 활동하고 같은 대학으로 진학한 정현은 지혜에게 가장 소중한 친구였다. 잠시 머뭇거리다가 통화 버튼을 눌렀다. 못 간다고 말할 참이었다.

"너 어디야?"

정현이는 다짜고짜 물었다.

"신논현역 부근인데…… 나 아무래도……."

"아, 그래? 잘됐다. 나 지금 강남역 쪽이니까 데리러 갈게. 교보 앞에서 기다려."

지혜는 맥이 탁 풀렸다.

잠시 후 지혜 앞에 고급 외제 승용차가 멈춰 섰다.

차 유리문이 열리고 "빨리 타!" 하고 소리치는 정현을 보고 나서야 지혜는 얼른 차에 올랐다.

"차가 바뀌었네?"

"응. 이번에 성과급을 짭짤하게 받았거든. 차부터 바꿨어. 옛날 차는 엄청 오래 탔잖냐."

"그랬구나……."

"요즘 넌 무슨 일 하고 있어?"

"그냥 이것저것 하고 있지 뭐."

"참, 오늘은 왜 여기까지 나온 거야? 지난번에 새로운 프로젝트 맡게 될 것 같다고 하지 않았어? 어떻게 돼가?"

"으응, 그냥저냥…… 잘되고 있어."

"그래, 넌 뭘 하든 잘할 거야. 워낙 실력이 있으니까."

"실력은 무슨……."

"야, 무슨 소리야? 네가 우리 중에 제일 뛰어났지. 졸업도 하기 전에 스카우트 제의를 받은 건 너밖에 없잖아. 확실히 넌 아이디어가 반짝였어. 난 너에 비하면 간신히 턱걸이 수준이었고. 넌 설렁설렁 해도 늘 A+였는데, 난 밤을 새워서 해도 A였잖아. 그때 네가 정말 부러웠어."

정현과 함께 웃었지만, 지혜의 웃음은 내면이 텅 빈 공허한 웃음이었다. '그래. 내가 그때 계속 실력을 쌓았다면 지금 정현이가 가진 저 여유로운 웃음을 내가 지을 수 있었을 텐데…….' 지혜는 속으로 더 움츠러드는 자신을 물끄러미 바라보았다. 가장 친한 친구를 질투하는 자신의 모습이 더 초라하게 느껴졌다.

수경이네 집은 서울에서도 부자들만 산다는 동네의 이층집이었다. 지하까지 치면 삼층집인 셈이다. 입구에서부터 고급스러운 가구들로 꾸며진 수경이의 집은 잡지에 나오는 건축가의 집처럼 우아하고 아늑했다. 지혜는 서울 변두리에 지어진 지 30년 훌쩍 넘은 오래된 자신의 25평짜리 아파트 전셋집을 떠올리지 않으려고 애썼다. 무엇보다 부러운 것은 서재였다. 모던한 디자인의 책장과 책상이 어우러진 서재는 폼 잡고 앉아서 잡지나 뒤적이기에는 너무 아까운 공간이라는 생각이 들었다.

한 상 가득 차려진 식탁은 마치 고급 호텔의 테이블을 그대로 옮겨놓은 듯했다. 정현이는 환성을 지르며 좋아했다.

"오늘 너희들 온다고 해서 전문가의 손을 좀 빌렸으니까 많이들 먹어."

하늘거리는 명품 롱 원피스를 입은 수경이의 얼굴은 오늘따라 더 윤기가 흐르고 행복해 보였다.

"네 덕분에 우리가 호강한다."

"호강은 무슨, 나는 엊그제 유럽 여행 다녀와서 아직 시차 적응이 안 됐어. 내 얼굴 푸석푸석하지 않니?"

"야, 네가 우리 중에 제일 팽팽하고 예뻐. 남들이 보면 네가 우리보다 한참 동생인 줄 알겠다."

수경이의 응석을 정현이가 속 좋게 받아줬다. 수경이의 얼굴이 강남의 유명 성형외과 의사의 작품임을 모르는 사람은 없었다.

깔깔거리며 웃는 친구들과 잡담을 하면서도 지혜는 혼자만 다른 세계에 뚝 떨어져 있는 것처럼 외롭고 쓸쓸했다. 다른 사람들한테는 밝은 햇빛이 비치는데, 자신한테만 어두운 먹구름이 쫓아다니며 비를 뿌리고 있는 것 같았다. 지혜는 당장이라도 자리를 박차고 뛰어나가고 싶은 충동을 억지로 눌러 참았다.

생일 파티의 분위기는 점점 무르익어 갔고, 친구들은 수경이가 유럽에서 직접 공수해 왔다는 비싼 와인을 몇 잔씩 마셨다.

"지혜 넌 요즘 어떻게 지내?"

수경이가 물었다.

"응. 뭐 그냥 그렇지 뭐."

지혜는 어물쩍 넘어가려고 애썼다. 자신의 누추한 삶의 보따리를 여기서 풀고 싶지는 않았다.

"난 지혜 네가 멋있는 독신 커리어우먼으로 살 줄 알았어. 그렇게 일찍 애 엄마가 될 줄 누가 알았겠냐? 고등학교 때 너 정말 잘나갔었잖아. 생각할수록 네 재능이 정말 아깝다."

"그래, 그렇게 얌전하고 공부만 하던 지혜가 임신부터 할 줄 누가 상상이나 했겠니?"

정현이도 거들었다.

"참, 너 요즘 프리랜서 웹디자인 한다고 했지? 내가 블로그를 새로 하나 만들까 하는데, 그런 작업도 해줄 수 있니?"

지혜는 순간 분노의 고삐를 놓치고 말았다.

"너희들은 내가 지금 이 꼴로 사는 게 그렇게도 재미있니? 그래, 나 오늘도 몇 달 동안 하던 작업 다 말아먹고 빈털터리로 여기 왔다. 그게 뭐 어때서? 너희들은 뭐가 그렇게 잘났는데? 수경이 너! 너 진짜 공부 못했잖아. 계속 절절매다가 겨우 남자 하나 잘 물어서 이렇게 된 거잖아. 그게 뭐 그렇게 자랑이라고 동네방네 자랑질이냐?"

"이지혜! 너, 너 지금 말 다 했니?"

"그래, 말 다 했다. 왜?"

계속 지켜보고 있던 정현이 뒤늦게 나섰다.

"지혜야, 너 술 취했다. 그만 가자."

정현이 지혜를 일으켜 세웠다.

"지혜 너 알고 보니 열등감 덩어리구나! 기가 막혀서. 내 생일날 이게 무슨 꼴이니?"

"열등감이 있는 건 바로 너야! 이렇게 비싼 와인으로 너의 텅 빈 머리와 추한 과거를 가리고 싶겠지. 그런데 어쩌냐? 다 보이거든. 난 네가 대학교 다닐 때 낙태한 것도 다 알아. 이민 간 소정이가 말해주더라. 생명을 쓰레기처럼 처리해버린 넌 깨끗하고, 끝까지 책임진 나는 웃음거리가 된다는 게 말이 되니?"

"너 말 다 했어? 이게 진짜!"

수경이가 지혜의 옷을 잡고 흔들면서 갈등은 몸싸움으로 번졌다.

"아니, 아직 다 못 했어. 너 성형 수술한 얼굴 갖고 자랑질 한 번만 더 하면 죽여버릴 거야. 돈만 있으면 다 하는 거 갖고 그렇게도 칭찬받고 싶니? 네 옛날 얼굴 다 아는 우리들 앞에서 창피하지도 않아?"

"지혜야, 너답지 않게 왜 이래? 그만 가자고!"

정현이 지혜를 끌다시피 집 밖으로 데리고 나와 차에 밀어 넣었다. 지혜는 꺼이꺼이 울기 시작했다.

"그래, 울어라 울어. 뭔지 모르지만 감정이 쌓여서 폭발한 거 같으니까 실컷 울어버려."

한참 동안 울던 지혜는 서서히 정신을 가다듬었다. 그러고는 입을 열었다.

"너 생각나니? 고등학교 때 학교 앞 돈가스 가게에 우리 삼총사가 자주 갔었잖아."

"그걸 어떻게 잊어? 그 집 젊은 사장이 엄청 잘생겨서 우리 모두 다 입이 떡 벌어졌었잖아. 그런데 그게 왜?"

"그때 각자 돈을 내기로 하고 돈가스 정식을 먹었는데 내가 그날따라 돈이 없었던 거야. 그래서 수경이가 대신 내줬어. 반짝이는 분홍색 지갑에서 돈을 척 꺼내서. 돈을 내고 나서도 지갑 안에 1만 원짜리 몇 장이 더 있더라고. 난 천으로 된 낡은 지갑에 동전 몇 개가 전부였는데……. 그게 왜 그렇게 부러웠는지 몰라. 괜히 주눅이 든 나는 수경이한테 답례로 연습장에 초상화를 그려주겠다고 깝죽댔었잖아. 그렇게밖에 내 존재감을 내세울 수가 없었거든. 어쨌든 난 지금도 어울리지도 않게 분홍색 지갑만 들고 다닌다. 분홍색 지갑을 들고 있으면 왠지 돈이 저절로 채워질 것 같아서……."

"쿡, 그런 일이 있었구나. 이제 생각난다. 난 네가 그 돈가스 가게 주인한테 마음 있어서 오버하는 줄 알았어. 하하."

"그런데 어쩌면 그때나 지금이나 이렇게 인생이 안 변하니?"

"그래서 수경이 집에서 그렇게 깽판을 쳤어?"

"그러게……. 미쳤나 봐. 나 무슨 짓을 한 거니?"

"지금이라도 알았으니 다행이다. 나중에 수경이한테 사과해. 남의 생일 파티에 가서 애를 그렇게 뭉개놓으면 어떡하냐? 좀 살살 하지."

"휴……. 나도 몰라. 잠시 정신줄 놨나 봐."

지혜의 눈에서 다시 눈물이 찔끔찔끔 흘러내렸다.

"내 삶은 왜 이 모양일까? 왜 이렇게 지질하냐고?"

"인생 다 거기서 거기야. 겉으로 보면 멀쩡해 보여도 뚜껑 열어보면 다 똑같이 지지고 볶으면서 살아. 수경이 쟤 겉으로는 잘나가 보여도 남편 바람기 때문에 속이 문드러진다더라. 나도 다른 루트 통해서 안 거야. 수경이 그게 자존심 하나로 버티고 사는데 우리한테 말을 하겠냐?"

지혜는 수경이의 불행이 자신에게 위로가 된다는 사실에 헛웃음이 났다. 다른 사람들도 자신을 보면서 이런 위로를 받는 건가 싶어서 허탈했다.

지혜는 차창 너머로 보이는 밤거리를 하염없이 바라보았다.

무능한 당신이랑은 더 이상 못 살겠어

지친 몸을 이끌고 현관문을 열고 들어서자 집 안 가득 치킨 냄새가 진동했다. 남편 성혁과 아들 준희는 소파에서 뒤엉켜 자고 있었다. 식탁에는 먹다 남은 치킨과 컵라면 빈 용기들이 아무렇게나 놓여 있고, 보는 이 없는 텔레비전은 혼자서 열심히 떠들어대고 있었다.

지혜는 자신의 냉혹한 현실을 보고 있는 것 같아서 더 우울해졌다. 말없이 안방으로 들어가 겉옷을 벗지도 않은 채 침대에 쓰러지듯 몸을 뉘었다. 그제야 인기척에 눈을 뜬 남편이 부스스한 몰골로 안방으로 들어왔다.

"왜 이렇게 늦었어?"

"당신, 내 말이 말 같지 않아? 애한테 컵라면 먹이지 말라고 했잖아."

지혜는 대답 대신 짜증스럽게 말했다. 목이 늘어질 대로 늘어진 티셔

츠를 입고 서 있는 남편이 한없이 초라한 자신과 세트 같았다.

남편은 늘 그렇듯이 특유의 느긋한 표정으로 대수롭지 않은 듯 싱긋 웃으며 말했다.

"아, 미안. 준희가 컵라면 먹고 싶다고 해서……. 다음부터는 조심할게. 그나저나 오늘 김 과장하고 만난 일은 어떻게 됐어? 엄청 궁금했는데……."

"지금 말하고 싶지 않아. 피곤해."

지혜는 아예 눈을 감아버렸다.

"아, 그래. 피곤하겠다. 푹 쉬어."

남편은 지혜의 짜증을 부드럽게 받아넘겼다. 그런 남편의 차분하고 덤덤한 모습이 좋아 보일 때도 있지만, 오늘은 무책임하고 무능력해 보일 뿐이었다.

"오늘 내 미팅이 왜 그렇게 궁금했는데? 돈 때문에?"

"아니야. 돈 때문이 아니라 당신이 잔뜩 기대하고 나갔잖아. 그래서 잘 마무리된 건지 궁금했던 거지. 너무 돈 돈 하지 마. 난 당신이 제일 중요해. 돈이야 있을 때도 있고……."

"그만해! 듣기 싫어!"

지혜는 갑자기 자리에서 벌떡 일어나 앉으며 소리쳤다.

"내가 왜 돈 돈 하는데? 이게 다 당신 때문이야! 당신이 가장 역할만 잘했어도 내가 돈 몇 푼 때문에 이렇게 자존심 구겨가면서 살겠어? 오늘 친구들 앞에서 내 꼴이 뭐가 됐는 줄 알아? 누가 수경이처럼 외제 차에 저택에 살게 해달래? 당장 올려줄 전세금 걱정은 좀 안 하고 살게 해달라고! 그게 그렇게 어려운 부탁이야?"

지혜는 속으로는 '내가 왜 이러지?' 하고 생각했지만, 이미 입을 떠나간 거친 말은 남편한테 가서 꽂히고 있었다.

"그래. 나도 지금 애쓰고 있어. 하루 종일 학원에서 애들하고 씨름하고 피곤해 죽겠는데 집에 와서 일하는 당신 눈치 보면서 밥 달라는 말도 못 하고 사는 게 나도 좀 힘들 때가 있어. 그래도 우리 잘 이겨내야……."

어르듯 말하는 남편의 말을 지혜가 잘라먹듯 되받아쳤다.

"냉장고에 반찬 있고 밥솥에 밥도 있는데, 그것도 못 차려 먹어? 내가 무슨 눈치를 그렇게 줬다고 그래? 나도 일 안 하고 살 수 있으면 당신 해달라는 대로 다 해줄 수 있어. 당신이 무능하니까 내가 이 고생 하는데, 그 정도도 못 도와줘?"

"알았어, 알았어. 내가 잘못했어. 그러니까 일단 자. 당신 지금 많이 흥분했으니까 푹 자고 일어나서 얘기하자. 응?"

"난 당신 그 뜨뜻미지근한 태도가 정말 짜증 나고 지긋지긋해. 뭐든 대충대충 넘어가는 그 성격 때문에 지금 우리가 이 모양 이 꼴로 사는 거야. 어휴, 내가 어쩌다 당신 같은 사람을 만나서 이러고 사는지 모르겠어. 준희만 아니었으면 당신 같은 사람하고 이렇게 살지도 않아!"

"여보! 제발 그만 좀 해. 당신 자꾸 이러면 나도 힘들어. 나도 사람이야. 화가 난다고."

"화가 나면 어쩔 건데? 때리기라도 할 거야? 때려봐. 때려보라고!"

"때리긴 누가 때려! 내가 언제 그런 짓 한 적 있어? 대체 왜 그래? 정신 좀 차려!"

그 순간 안방 문이 삐걱 열렸다.

"엄마…… 아빠…… 지금 나 때문에 싸워?"

언제 잠에서 깼는지 아들 준희가 울먹이는 표정으로 안방 문 앞에서 있었다.

"아, 아니야. 준희야, 어서 가서 자자. 엄마 지금 마음이 많이 아파서 그래."

남편이 얼른 준희를 데리고 나갔다. 지혜는 멍하니 서 있다가 이불을 뒤집어쓰고 울음을 터뜨리고 말았다. 자기가 왜 이렇게 화가 나는지, 자신의 인생이 왜 이렇게 절망스럽게 느껴지는지 알 도리가 없었다.

모든 게 엄마 때문

다음 날 아침, 지혜는 인터폰 소리에 잠이 깼다. 몸을 일으키려고 했지만 꼼짝도 할 수가 없었다. 머리는 지끈지끈 아프고 몸은 손가락 하나 움직일 수 없을 정도로 무겁게 느껴졌다. 잠시 후 띠띠또…… 뚜띠. 이 시간에 번호 키를 열고 들어올 사람은 엄마밖에 없다. 지혜는 간신히 몸을 일으켜 거실로 나갔다.

"너 어디 아프니?"

걱정스러운 표정으로 엄마가 말했다.

"갑자기 말도 없이…… 어쩐 일이야?"

"박 서방이 너한테 좀 가보라고 해서 왔지. 무슨 일 있었어?"

"무슨 일 있을 게 뭐 있어?"

"너 얼굴이 영 안 좋아 보여. 아픈 거 아냐? 병원에 안 가봐도 돼?"

"안 아파. 걱정 마. 그냥 좀 피곤해서 그래."

"그럼 다행이고……."

지혜는 머리를 대충 고무줄로 묶고 나서 준희 방문을 열어보았다. 준희는 학교에 갔는지 보이지 않았다. 어젯밤에 어린것이 얼마나 놀랐을까 생각하니 마음이 아려왔다. 지혜는 소파에 털썩 앉았다.

"네 고모가 전복을 보냈길래 전복죽을 좀 쒀서 갖고 왔어. 물김치도 같이. 너 전복죽 좋아하잖아."

엄마는 싱크대 앞으로 가서 보자기를 풀면서 말했다.

"그냥 두 분이 드시지, 번거롭게……."

"네가 뭘 안 해 먹으니까 그렇지. 요즘도 일이 많아? 돈도 많이 안 주면서 왜 사람을 맨날 그렇게 달달 볶는다니?"

"엄마는 좀 모르면 가만있어! 괜히 남 속 긁지 말고."

어제의 기분이 남아 있어서인지 말이 곱게 나가지 않았다.

"너…… 무슨 일 있구나. 무슨 일인데 그래? 박 서방이랑 싸웠어?"

엄마는 하던 일을 멈추고 지혜 쪽으로 시선을 주며 물었다.

"나 박 서방이랑 살기 싫어. 이제 진짜 지쳤어."

"왜 또? 학원에서 잘렸대?"

"그게 문제가 아니야. 쥐꼬리만큼 벌어 오면 뭐 해? 애는 점점 커가는데 언제까지 이렇게 전셋집 전전하면서 살아야 하냐고. 내 친구들은 다 자리 잡고 사는데 나만 맨날 이러고 궁상떨고 사는 게 지겨워."

"그러게 얌전하게 기다렸다가 좋은 남자 골라서 시집가면 좀 좋았어? 그때 생각하면 아직도 기가 막힌다. 결혼도 안 한 딸년이 임신했다고 하는데, 너무 기가 막히면 하늘이 노래진다는 걸 그때 처음 알았다. '얌전한 고양이 부뚜막에 먼저 올라간다'더니, 학교 다닐 때는 말썽 한 번 안 피우고 얌전하던 애가 그렇게 뒤통수를 칠 줄 누가 알았겠어."

"그게 다 누구 때문인데?"

지혜가 날카롭게 받아쳤다.

"뭐? 그럼 그게 나 때문이라는 거야?"

"엄마·아빠 관심은 다 오빠한테 가 있고, 맨날 전교 1등만 하는 오빠 따라가려고 내가 얼마나 발버둥 쳤는 줄 알아? 밖에 나가면 다들 나를 칭찬하는데, 집에서는 엄마·아빠한테 칭찬 한 번 들어본 적 없어. 아버지는 계집애가 고집만 세다고 야단치고, 엄마는 맨날 오빠랑 비교하기나 하고. 내가 미술대회 나가서 상 받아 왔을 때 엄마 뭐라고 했어? 이런 쓸데없는 상은 뭐 하러 받아 오냐고 했잖아. 오빠처럼 우등상이나 받아 오라고. 그날 내가 얼마나 울었는지 알아? 엄만 내 기분이 어떤지 관심도 없었잖아!"

"아이고, 그 얘기 한 번만 더 들으면 백 번이다."

"더 들어. 더 들으라고! 내 생일도 언제 한 번 제대로 챙겨준 적 있어? 어떤 날은 내 생일인 것도 까먹고 계 모임 하러 나가서 쫄쫄 굶게 만들었잖아. 내가 그날만 생각하면 아직도 서운해. 내가 가출 안 한 게 이상하다고."

"그래서 다음 날 미역국 끓여줬잖아."

"오빠는 생일 일주일 전부터 난리를 치면서, 생일날은 친구들까지 불러서 떡 벌어지게 차려주면서 나는 왜 한 번도 그런 거 안 해줬는데? 그렇게 맨날 집에서 찬밥 신세니까, 빨리 결혼해서 집에서 도망치고 싶었다고!"

"그럼 어떡해? 정준이는 반장에 학생회장까지 하는데 그 정도는 해줘야지. 공부 더 시킨 것도 그래. 돈은 빠듯한데 공부를 잘해서 계속하겠다는데 그만두라고 하니? 너라면 그랬겠니? 넌 손재주가 있으니 애 낳고도 이렇게 일하면서 살잖아. 그럼 됐지 뭘 그래?"

"나도 오빠만큼 집에서 지원받았으면 이렇게 안 살 거야. 결국 그렇게 아들한테 다 퍼주고 남은 게 뭐야? 오빠는 미국서 돌아오지도 않잖아. 그렇게 아들 아들 하더니 아들 덕 본 것 있어? 엄마·아빠 아프면 병원 모시고 가는 건 바로 나야!"

"하다 하다 별소릴 다 듣겠다. 그래, 관둬! 앞으로 네 신세 안 질 테니까 너는 너대로 잘 살아봐라."

엄마는 전복죽을 데우던 가스 불을 끄고 가방을 챙겼다. 현관에서 신발을 신던 엄마는 그래도 억울했던지 문을 나서다 말고 한마디 던졌다.

"너 그러는 거 아니다. 왜 너한테 무슨 일이 있으면 다 엄마 탓이래? 진짜 억울한 건 나야. 난 너희 아빠같이 매정하고 피곤한 사람하고도 너희들 때문에 지금껏 살아왔어. 그런데 결국 돌아온 게 이거냐? 정말 서운하다, 서운해! 자식새끼 키워놔도 다 소용없다더니 그게 내 얘긴 줄은 몰랐다."

엄마는 현관문을 쾅 닫고 나가버렸다.

지혜는 갑자기 멍해졌다. 이건 아닌데……. 대체 어디서부터 무엇이 잘못된 건지 알 수가 없었다. 이렇게 살고 싶진 않았는데 어디서부터 바로잡아야 할지 막막했다.

지혜는 곧 엄마를 쫓아 달려 나갔다. 그러나 엄마가 탄 엘리베이터는 이미 1층으로 내려가고 있었다. 지혜는 황급히 계단으로 뛰어 내려갔다. 점점 숨이 차올라 아무래도 엘리베이터를 타는 게 빠를 것 같았다. 6층쯤에서 멈춰 선 채 엘리베이터 버튼을 바쁘게 눌렀다. 느리게 느리게 올라온 엘리베이터를 지혜는 급하게 올라탔다. 그때였다. 갑자기 숨이 턱 막히면서 숨이 쉬어지지 않았다. 지혜는 힘겹게 가쁜 숨을 몰아쉬다가 목을 손으로 감싸고 바닥에 쓰러져버렸다. 땀을 뻘뻘 흘리면서 고통에 몸부림쳤다. 살려달라는 목소리조차 나오지 않았다. 그때 마침 엘리베이터 문이 열렸고, 안으로 들어서던 이웃 아주머니 덕분에 지혜는 응급실로 실려 갔다.

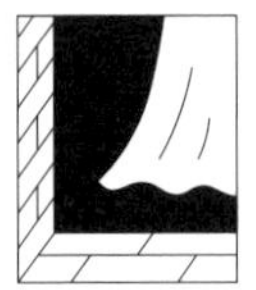

몸과 마음이 보내는 SOS

얼마 후, 지혜 씨는 나의 상담실로 찾아왔다. 나는 어색해하는 지혜 씨와 몇 마디 인사를 나눈 후 곧 상담에 들어갔다.

"어떻게 오게 되셨어요?"

"엘리베이터를 탔는데 갑자기 숨이 안 쉬어졌어요. 그래서 병원 응급실로 실려 갔는데, 검사 결과 아무 이상이 없는 걸로 나왔어요. 주변 사람들이 그런 게 공황장애라고 하던데……. 어떻게 해야 할지 막막해요. 그러던 중에 친한 친구가 선생님께 가보라고 전화번호를 주더라고요. 그래서 오게 됐어요."

"네. 잘 오셨어요. 그런데 예전에도 이런 증세가 나타난 적이 있었나요?"

나는 지혜 씨의 증상이 적어도 한 달 동안 지속적으로 나타났는지 확인할 필요가 있었다.

"가끔 지하철 안에서 좀 답답한 느낌이 들었던 적은 있어요. 하지만 이번처럼 쓰러진 건 처음이에요. 왜 이런 일이 있는 건지 너무 당황스럽고 혼란스러워요."

"그러셨군요. 지혜 씨는 지금 공황장애가 아니라 공황증세가 있는 거예요. 공황장애는 이런 증상이 일정 기간 동안 여러 번 반복되어 나타나는 걸 말하는데, 지혜 씨는 이제 한 번 증상이 나타난 겁니다. 너무 걱정하지 않아도 돼요. 충분히 호전될 수 있습니다."

"정말 그랬으면 좋겠어요, 선생님."

요즘 많은 현대인들이 공황증세로 고통을 겪고 있다. 공황증세는 자신이 통제할 수 없는 상황 속에서 극도의 스트레스를 받으면 생긴다. 그래서 엘리베이터처럼 밀폐된 공간에서 자신이 어쩔 수 없는 상황에 놓일 때 주로 나타난다.

알고 보면 공황증세는 몸이 보내는 일종의 신호다. 몸과 마음은 서로 연결되어 있어서 우리 내면에 문제가 생기면 몸에 반응이 나타난다. 살려달라는 내면의 간절한 구조 요청이다. 그러므로 공황증세를 치유하기 위해서는 표면적으로 보이는 증상에만 집중하면 안 된다. 이는 빙산의 일각처럼 밖으로 표출된 아주 작은 일부분일 뿐이기 때문이다. 제대로 된 치료와 회복을 원한다면 몸과 감정이 보내는 신호를 따라 자신의 내면을 들여다보는 작업이 필요하다. 증상의 원인을 마음에서 찾아내어 치유하고 바로잡는 일이 상담이다.

일반적으로 공황증세는 자기가 원하는 대로 상황을 통제하거나 조절하려는 주도적인 마음이 강한 사람 또는 상황과 관계없이 원하는 대로 살려고 하는 사람들에게서 많이 나타난다. 본인이 원하는 대로 세상이 돌아가길 바라는데 현실은 그렇지 못하니 답답하고 절망스러운 느낌이 쌓이고 쌓인다. 그러다가 더 이상 마음속에 쌓을 수 없는 순간이 오면 물이 끓어 넘치듯 몸에서 반응이 나타난다. 달리 말하면 현실 속의 자기 자신을 받아들이지 못할 때 나타나는 몸살 같은 반응이다.

결국 공황증세는 자신이 원하는 것이 뚜렷한 사람에게서 주로 나타난다. 지혜 씨는 자신이 처한 현실에 맞추어 자신을 변화시키기보다는 자신이 원하는 대로 살려고 하다가 공황증세를 경험하게 됐다. 반대로 자신이 원하는 것이 뚜렷하지 않은 사람들은 공황증세가 거의 나타나지 않는다.

"평소에 원하는 게 분명한 편이신가요?"

"네. 전 분명한 성격이 좋아요. 우유부단한 사람을 보면 좀 답답해요."

"그러시군요. 최근에 주변에서 어떤 일들이 있었는지 말씀해주시겠어요?"

지혜 씨는 공황증세로 쓰러지던 날 있었던 일들을 나에게 자세히 설명해주었다. 일반적으로 상담을 시작하면 나는 내담자의 증상, 현재 상황, 고유한 성격, 가족 역사 네 가지를 파악하는 데 중점을 둔다. 이것은 서로 연계되어 있기 때문에 어느 정도 파악이 돼야 내담자의 내면 여행에 개입할 수 있다.

“지금 상황에서 가장 원하시는 게 뭔가요?”

“음…… 남편이 제대로 남편 역할을 했으면 좋겠어요.”

“남편의 어떤 점이 남편 역할을 못 한다고 생각하게 하나요?”

“경제적 능력이 부족해요. 월급이라고 가져오긴 하는데 늘 모자라서 허덕이죠. 저는 이렇게 빚지고 사는 게 정말 싫어요. 공황증세가 온 것도 남편 때문인 것 같아요. 남편이 사업에 실패한 후 계속 빚에 허덕이고 있거든요. 그게 저한테는 너무 큰 스트레스예요. 남편이 경제적으로 문제만 일으키지 않았어도 이렇게까지 돈 때문에 힘들진 않았을 텐데……. 프로젝트가 엎어진 후에 친구 집에 가서 친구랑 싸운 것도, 엄마한테 화낸 것도 결국 다 돈 때문에 쌓인 스트레스가 터진 것 같아요.”

지혜 씨는 모든 사건의 원인을 남편에게 돌리고 있다. 자신 안에 문제가 있어서 이런 상황이 벌어졌음에도 불구하고 남편이 돈을 못 벌어서 공황증세가 나타났다고 믿고 있다. 게다가 지혜 씨는 사건을 과장해서 해석하는 오류를 범하고 있다. 프로젝트가 무산된 사건과 그 이후에 일어난 일들을 전부 남편의 무능과 연결해서 증폭시키고 있는 것이다. 남편이 돈을 못 벌면 불행하고 돈을 많이 벌어 오면 행복해질 수 있다는 이 잘못된 믿음을 버리지 않는 한, 지혜 씨는 행복해지기 어렵다. 남편이 돈을 많이 벌어 오면 또 다른 문제로 인해서 불행하다고 여길 가능성이 높다. 따라서 지혜 씨가 행복해지려면, 남편이 아니라 지혜 씨 자신이 바뀌어야 한다.

우울증으로 찾아오는 사람과 공황증세로 찾아오는 사람은 상담 프로세스가 다르다. 공황증세를 겪는 사람은 먼저 자신을 인식할 수 있도록 인지접촉부터 해야 한다. 자기가 어떤 사람이고 현재 무엇을 원하는지 인식이 돼야 그다음 단계로 넘어갈 수 있기 때문에, 자기 인식을 한 후에 감정접촉을 하는 순서로 상담을 진행한다. 반면에 우울이 있는 사람은 먼저 감정접촉부터 해야 한다. 감정적으로 따뜻하게 공감부터 해줘야 그다음 과정으로 넘어갈 수 있다. "얼마나 힘드셨어요. 이 말 꺼내기가 정말 힘드셨죠." 그렇게 공감을 해주면 우울증이 있는 사람들은 압도되었던 감정이 무엇이었는지 알아차리게 되고, 그제야 감정에서 빠져나올 수 있다. 흥미롭게도 그렇게 감정에서 빠져나와야 두뇌가 제대로 작동하기 시작한다.

공황증세를 겪는 사람들 중에는 상담을 받으면서 마음속에 있던 우울을 만나게 되는 경우가 많다. 지혜 씨의 경우도 마음 깊은 곳에 우울이 있었다. 더 세부적으로 보면 우울 속에 불안이 있는 경우다. 어쨌든 지혜 씨는 지금 자신이 어떤 사람인지 인지하는 것부터 시작해야 한다.

처음 받아보는 질문

"남편이 지혜 씨 뜻대로 움직여주면 좋을 텐데 그렇게 되지 않나 보군요."

"네. 남편이 고집이 세요. 직장 그만두고 학원 시작한다고 할 때 제가 결사적으로 말렸었거든요. 그런데도 대출까지 받아서 밀어붙이더니 결국 적자에 허덕이다가 돈만 말아먹고 접었어요. 지금은 남의 학원에 강사로 나가고 있어요."

"그렇게 남편이 내 뜻대로 안 하면 어떤 감정이 드나요?"

"네? 글쎄요……, 화가 나죠. 내 말대로 하면 실수 안 할 텐데……."

"왜 화가 나세요? 내 뜻대로 안 되면 어떤 일이 생길 것 같아서 화가 나시나요? 혹시 무서우세요?"

"무섭냐고요? 그런 생각은 해본 적이 한 번도 없는데요?"

지혜 씨는 나의 질문을 받고 당황스러운 표정을 지으며 말을 잇지 못했다. 아마 이런 질문을 처음 받았을 것이다. 그런데 이것은 아주 결정적인 질문이다. 내가 이루고자 하는 바가 분명히 있는데 내 뜻대로 안 되는 것이 지혜 씨를 지금 고통스럽게 만들고 있다. 왜 그럴까? 여기에서 자신의 깊은 내면에 있는 우울 주제를 만나게 된다.

내 뜻대로 안 됐을 때 거슬리거나 화가 나는 것은 자신이 감추고 싶어 하는 본질을 건드렸기 때문이다. 자신이 보고 싶지 않은 진짜 자신의 모습을 드러나게 하기 때문이다. 많은 사람들이 자신의 진짜 모습을 대면하기 싫어하며 자기방어를 한다. 자기방어를 하는 방법도 가지각색이다. 화를 내거나 우는 등 성격으로 방어를 하는가 하면, 외적인 상황이나 방법을 동원하기도 한다. 그중에서도 남을 탓하는 방법은 가장 쉬운 방법이다. 남 탓을 하고 나면 자신은 잘못한 게 없는 것처럼 느껴지기 때문에 잠시 편한 감정에 속을 수 있다.

지혜 씨는 지금 자신의 부족하고 약한 모습과 초라한 모습을 만나기 싫어서 남편 탓, 엄마 탓을 하며 온 힘을 다해 자기방어를 하고 있다. 자신의 내면을 들여다본 경험이 별로 없기 때문에 자신이 왜 그런 행동을 하는지 알 길이 없다. 지혜 씨의 내면을 상상해보면, 한 번도 사람이 지나간 흔적이 없는 잡목과 수풀이 우거진 산이 떠오른다. 그 산에 오르려면 낫으로 잡초를 베어내면서 새로 길을 내야 한다. 그만큼 내면이 잘 보이지 않고 찾아가는 길도 복잡하고 어렵다.

내담자 중 공황증세가 있는 J 씨는 우울한 느낌이 올라오면 수면제를 먹고 잠을 잔다. 우울한 감정을 잠으로 회피해버리는 것이다. 싫어하는 자기 자신을 만나고 싶지 않아서 도망치는 것이다. 어떤 사람은 영화를 보거나 친구와 수다를 떨기도 하고, 쇼핑을 하거나 여행을 떠나는 등 다른 곳으로 시선을 분산시키는 노력을 한다. 어떤 사람은 일에 매달리기도 한다. 이런 모든 것이 결국은 자기 자신을 대면하는 것이 두려워서 도망치는 행동들이다.

물론 기분 전환은 우리의 삶에서 매우 필요하다. 하지만 부정적인 감정이 올라왔을 때 이렇게 피하기만 하면 영영 자신의 내면과 대면하기가 힘들어진다.

어릴 적의 수용경험

"지혜 씨는 어렸을 때 자기 생각을 잘 표현했나요?"

방어벽이 높다는 것은 그만큼 어린 시절의 상처가 깊다는 의미이기도 하다. 그래서 자기 대면을 하기 위해서는 어린 시절의 가족 역사를 살펴볼 필요가 있다.

"저는 집에서 거의 관심을 받지 못하고 자랐어요. 늘 찬밥 신세였죠."

"가족이 많았나 보죠?"

"아뇨. 1남 1녀였는데도 그랬어요. 너무 잘난 오빠 때문이에요. 엄마·아빠는 늘 공부 잘하는 오빠만 바라보며 사셨죠. 오빠는 전교 1등 자리를 놓치지 않았으니 그럴 만도 했어요. 그 때문에 저는 늘 오빠 그늘에 가려서 존재감 없이 살아야 했어요. 아무리 노력해도 엄마·아빠한테 인정을 받지 못했어요. 늘 오빠랑 비교당하고 혼나고 야단맞는 게 제 일이었죠. 오빠가 주인공이라면 나는 늘 조연이었죠. 그게 참 싫었어요. 한번은 오빠가 늦은 밤에 공부하고 있는 나한테 와서 라면을 끓여달라고 하더라고요. 난 직접 끓여 먹으라고 했어요. 그때 아버지가 화장실에서 나오다가 그걸 보시고는 노발대발하셨죠. 그때 아버지한테 엄청 맞았어요. 네까짓 게 뭔데 오빠한테 라면 하나 못 끓여주냐고, 공부 때려치우라고, 내일부터 학교도 가지 말라고 고함을 질러댔죠. 엄마가 옆에서 말렸지만 소용없었어요. 더 기가 막힌 건 아버지의 강요로 오빠한테 잘못했다고 사과하는 거였어요. 정말 죽기보다 싫었는데 안 맞으려면 어쩔 수 없었죠. 지금 생각해도 너무나 억울하고 분하고 치욕스러워요."

나는 지혜 씨의 이야기를 들으면서 그 고통이 어디서부터 올라왔는지 알 것 같았다.

"정말 힘들었겠네요. 그런 경우라면 누구든 마음의 상처를 갖게 될 수 있죠."

"맞아요. 그때부터 아버지가 무섭고 싫었어요. 오빠랑은 지금도 소원하게 지내요. 오빠는 어떤지 모르지만 저는 마음이 잘 안 가요. 지한테는 가족이 전혀 울타리가 아니었어요. 그야말로 감옥 같았죠. 밖에 나가면 선생님이나 친구들한테 똑똑하다는 소리를 듣는데 집에만 오면 욕만 얻어먹는 한심하고 불쌍한 애가 됐어요."

"그랬군요. 많이 슬프고 자신이 안됐다는 생각이 들었겠네요."

"네. 내가 어쩌다 이런 집에 태어나서 이렇게 천덕꾸러기 취급을 당할까 절망스럽고 억울해서 많이 울었어요. 저보다 공부도 못하는데 부모님의 사랑을 받고 자라는 친구들을 보면 부럽고 내 신세가 너무 처량하게 느껴져서 학교에 가기 싫었던 적도 많았어요."

"그러셨군요."

"엄마도 밉고 아버지도 싫고…… 정말 죽고 싶을 때가 많았어요. 내가 죽으면 그래도 가족들이 놀라고 슬퍼하면서 반성하지 않을까 싶었죠. 아버지한테 고통을 안겨주고 싶었어요. 딸이 자기 때문에 죽었다고 하면 평생 가슴이 아프지 않을까 생각했어요."

지혜 씨는 끝내 울음을 터뜨렸다. 봇물 터지듯 감정의 댐이 터져버린 것 같았다. 어린아이가 통곡을 하듯 엉엉 울었다. 나는 지혜 씨가 실컷 울도록 했다.

나는 지혜 씨가 부모님에게 인정받고 싶은 마음이 얼마나 컸는지 스스로 볼 수 있게 도와주었다. 지혜 씨가 갖고 있는 가장 큰 마음은 서러움이다. 서러움은 서운하고 섭섭한 마음이 오래 묵어서 생긴 감정이다. 간절히 바라고 원하는 것들이 자신의 삶에서 이루어지지 않을 때, 어느 노랫말처럼 '서러움에 눈물 흐르듯' 감정이 폭발하게 된다. 지혜 씨는 이 서러움의 눈물을 펑펑 쏟아냈다.

지혜 씨가 서럽게 우는 행동은 자신의 과거를 현재 시점에서 만나 받아들이는 수용경험이다. 자신의 과거를 별것 아닌 것처럼 치부하게 되면, 과거와 현재가 단절되어 미래도 원하는 방향대로 흘러가지 않는다. 그래서 지금과 같은 공황증세를 경험하게 된다. 그러나 서러움의 눈물을 흘리게 되면 자신의 과거를 만나면서 자신이 왜 그렇게 친구에게 열등감을 느끼는지 알게 된다.

모든 사람에게 지혜 씨와 같은 수용경험은 매우 중요하다. 수용경험이란 맞고 틀리고 옳고 그르고를 떠나 특정 상황과 시점에서 내가 느낀 감정과 생각이 그럴 만하다고 인정받고 받아들여지는 경험을 말한다. 특히 어린 시절 부모로부터 충분한 수용을 받고 자라면 어른이 돼서도 정서적으로 풍부해지고, 자신의 부족한 모습을 쉽게 인정하고 받아들일 수 있게 된다. 하지만 지혜 씨는 오빠의 그늘에 가려서 주로 혼나고 비난당한 경험을 가슴에 안고 지금까지 살아왔다. 지혜 씨가 자신의 남편과 경제적으로 어려운 현실을 있는 그대로 받아들이지 못하는 이유가 거기에 있었다. 수용경험이 없는 사람들은 어른이 돼서도 자신과 남, 그리고 자신의 있는 그대로의 현실을 수용하는 게 몹시 힘들다.

그래서 나는 부모님들을 위한 강의를 할 때면 자녀들에게 "그래? 그랬구나"라는 말을 자주 해주라고 강조한다. 자녀가 친구와 싸우고 들어와서 "걔는 아주 나쁜 놈이야"라고 할 때 "그래? 그랬구나"라고 해주는 말에는 자녀의 생각과 감정을 인정한다는 의미가 들어 있다. 물론 무조건 오냐오냐해주는 것과는 다르다. 자녀가 무슨 생각을 하는지 귀 기울이고 존재 자체를 격려하고 인정해주라는 것이다. 자녀를 훈육하는 것은 그 이후에 해도 늦지 않다. 사실 따지고 보면 그리 어려운 말도 아닌데 실제 자녀가 엉뚱한 실수를 했을 때 "너 왜 그랬어?", "또 그랬어?"라는 말을 먼저 하는 경우가 많다. "그래? 그랬구나" 이 한마디는 자녀의 미래에 대한 어마어마한 투자가 된다. 부모로부터 그런 공감을 받고 자란 아이와 그러지 못한 아이의 삶은 어른이 되어서 확연히 달라지기 때문이다.

사실 우리나라 부모만큼 자녀에게 모든 것을 아낌없이 쏟아붓는 경우는 흔치 않다. 그럼에도 불구하고 자녀와의 정서적인 유대감은 매우 약한 편이다. 자녀를 사랑하는 마음을 잘 표현하지 못해서 그렇다. 혹시라도 아이가 넘어지면 우리나라의 많은 부모는 "왜 넘어졌어? 그래서 잘 보고 다니라고 했잖아!"라면서 화부터 낸다. 넘어진 자녀가 안쓰럽고 측은하면서도 그런 마음을 쉽게 표현하지 못한다. "어이쿠, 넘어졌구나.

얼마나 아파? 괜찮니?" 하는 말부터 먼저 하면 좋을 텐데, 그런 속마음을 표현하는 데는 매우 서툴다. 그렇다 보니 그런 공감을 받지 못한 자녀 역시 다른 사람을 공감하고 수용하는 데 서툴게 된다.

큰소리쳐도 괜찮고 화내도 괜찮다

다음 상담 시간에 지혜 씨는 훨씬 가벼운 표정으로 상담실 문을 들어섰다.

"상담 이후에 마음이 어떠셨어요?"

"생각보다 홀가분했어요. 후련하기도 했고요. 꼭 체했던 게 내려가는 느낌이었어요."

"하하. 그러셨군요. 다행이네요."

"오늘은 교수님께 얘기할 게 너무 많아요. 밤에 자려고 자리에 누우면 예전에는 떠오르지 않던 것들이 모두 다 기억나는 거예요. 그래서 생각날 때마다 교수님께 말씀드리려고 메모까지 해 왔어요."

"잘하셨어요. 그럼 오늘 마음껏 다 얘기해보세요."

수용경험을 하게 되면 사람들은 속마음을 더 보여주고 싶어 한다. 내담자가 상담자로부터 수용경험을 받으면서 같은 편이 되어가는 관계를 '작업동맹(working alliance)'이라고 한다. 이 작업동맹이 잘 만들어져야 상담이 잘 이루어진다. 내담자가 자기 속에 있는 것들을 편하게 끌어낼 수 있기 때문이다.

"얼마 전에 아버지가 핸드폰을 바꾸고 싶다고 저한테 전화를 하신 거예요. 그런데 제가 바쁘게 일을 보고 있던 중이라서 나중에 다시 전화드리겠다고 하고는 깜빡 잊어버렸어요. 그랬더니 다음 날 얼마나 야단을 치시는지 제가 다 멍해졌다니까요. 기가 막히죠. 학교 다닐 때는 제가 가방 하나 사달라고 해도 들은 척도 안 하시더니, 저한테 뭐 맡겨놓은 것처럼 내놓으라는 식이니 어떨 때는 억울하고 화가 나요. 엄마한테도 정말 화가 나요. 엄마는 같은 여자로서 충분히 제 편을 들어줄 수 있었을 텐데, 항상 나서서 오빠 편을 더 들었다니까요. 오빠가 박사 과정하러 유학 가는 건 너무나 당연하고, 제가 대학원 얘기를 꺼내자 미쳤냐면서 펄쩍 뛴 것도 엄마였어요. 그러면서 저한테 빨리 돈 벌어 오빠 공부하는 데 보태라는 거예요. 정말 어이가 없었어요. 어떻게 그렇게 말할 수 있죠? 정말 친엄마가 맞는지 의심스러웠다니까요! 그렇게 아들 아들하더니 지금은 어떻게 된 줄 아세요? 오빠는 외국 나가서 돌아오지도 않고 부모님은 무슨 일만 생기면 저한테 전화해서 다 해결해달라고 하는 거예요. 병원 가는 것부터 시작해서 은행 업무까지 다 제가 뛰어다니면서 해결해야 한다니까요. 부모님 생일과 명절 챙기는 것도 다 제 차지예요. 오빠랑 새언니는 그저 전화 한 통 하고 돈 몇 푼 보내면 끝이에요. 그럴 때마다 속에서 부글부글 끓어올라요. 특히 나를 학대하고 거들떠보지도 않던 아버지가 이제 와서 이래라저래라 명령할 때면 버럭 소리를 지르고 싶은 심정이에요. 당신이 아버지로서 나한테 해준 게 뭐가 있냐고, 이렇게 날 부려먹을 거였으면 그때 좀 나한테 잘하지 그러셨냐고 소리치고 싶어요."

"소리를 치고 싶으면 그러셔도 돼요."

"그래도 아버지한테 어떻게 큰소리를 쳐요?"

"아, 아버지한테 직접 하라는 게 아니고, 혼자서 큰소리를 쳐도 되고, 아니면 친구들한테 아버지에 관한 불만을 마음껏 표현해도 돼요. 저한테는 당연히 하셔도 되고요."

"정말 그러고 싶네요."

첫 상담 때 자신의 신세를 한탄하며 실컷 울었던 지혜 씨는 두 번째 상담에서는 화가 나는 감정을 마음껏 표현했다. 서러움을 다 토해내고 나니 그동안 아버지로부터 야단맞고 지적을 받으면서 억눌렸던 마음이 서서히 살아나기 시작한 것이다. '분노 표출하기'는 상담에서 꼭 필요한 과정이다. 그래서 나는 지혜 씨가 충분히 화를 내면서 분노를 표출하도록 도왔다. 상담에서는 이 과정을 '타당화 과정'이라고 말한다. 내담자가 충분한 수용경험을 하게 되면 그동안 자신이 잘못해서 그런 일을 당한 줄 알았는데 그게 아니라 사실은 상대가 잘못했다는 생각에 이른다. 이렇게 자신을 타당화하는 마음이 올라오면 분노를 느끼게 된다. 분노를 표현하는 행위를 통해서 억눌린 감정을 퍼 올려야 그 안에 마음의 공간이 생긴다. 이 공간이 생기지 않으면 자기수용도 이루어지지 않는다.

지혜 씨의 경우는 공황증세가 나타날 만큼 마음의 병이 깊었기 때문에 상담자의 도움이 필요했다. 하지만 일반적인 상황이라면 남을 비난하고 소리만 질러도 속이 시원해지는 경험을 할 수 있다. 이것을 상담에서 '정화 효과'라고 한다. 사람들이 '뒷담화'에 열을 올리는 것도 알고 보면 무의식중에 자기의 생존 방식을 찾는 것이다. 그러나 감정을 표출하는 것과 남을 탓하면서 비난하는 것은 비슷해 보이지만 매우 다르다. 남 탓을 하고 비난하는 것이 남의 잘못에 초점이 맞춰져 있다면, 분노를 표현하는 것은 나의 분노와 화나는 감정에 초점이 맞춰져 있다. 남을 바라보기보다 나를 바라보는 감정 표출이 더 건강하다. 따라서 화가 날 때 자꾸 남 탓을 하게 된다면 관점 전환이 필요하다. 내 안의 분노를 퍼 올리면서 알지 못했던 나의 내면을 접하는 것은 소중한 일이다.

이렇게 분노의 감정을 표출하고 나면, 어느 순간 감정의 독이 빠지면서 제정신이 돌아온다. 마음속에 빽빽하게 차 있던 감정이 빠지면서 합리적인 사고를 할 여지가 생기기 때문이다. 이 정도만 돼도 숨을 쉴 수 있게 된다. 그러면서 자신의 행동도 돌아볼 수 있게 된다. '상대방만 비난했는데 혹시 나는 잘못이 없었나?'라는 생각도 하면서 이전까지는 절대로 받아들일 수 없었던 상황을 '그럴 수도 있지' 하면서 받아들이게 되는 신기한 경험을 하게 된다.

우울했던 기억 속으로 들어가라

"왜 엘리베이터 앞에서 숨을 못 쉬었을까요? 뭐가 그렇게 싫었을까요?

한번 생각해보세요."

나는 지혜 씨한테 중요한 질문을 던졌다. 이제 본질로 돌아갈 시간이 됐다.

"네? 그건 이미 다 얘기했잖아요?"

"아뇨. 이제부터 진짜 스스로에게 이 질문을 해볼 때가 됐어요. 이제까지는 지혜 씨의 감정을 펴내기 위한 과정이었다면, 지금부터는 지혜 씨의 진짜 모습을 볼 거예요."

"글쎄요……, 괜히 겁이 나네요. 그리고 뭐라고 답해야 할지 생각이 잘 안 나요."

"그럼 다음 만남 때까지 이 질문을 계속 생각하면서 스스로 답을 해보세요. 이게 숙제입니다."

나는 지혜 씨에게 일주일 동안 씨름해야 할 숙제를 안겨주었다. 이 시간이 힘든 시간이 될 수도 있다. 일반적으로 사람들은 이런 질문을 하지 않는다. 스스로에게 질문하는 대신 남을 탓하며 비난하는 데 시간을 소모한다.

어쨌든 이 시간은 지혜 씨에게 꼭 필요한 시간이다. 운동을 하면서 몸을 괴롭혀야 근육이 생기고 튼튼해지는 것처럼, 마음을 괴롭혀야 마음의 근육이 생기면서 건강한 마음으로 살 수 있다.

'나는 뭐가 그렇게 싫었을까?' 스스로에게 이런 질문을 한다는 건 위험한 순간이기도 하다. 지금까지 확신을 가지고 해왔던 당연한 일들에 대해서 의문이 생기게 되기 때문이다. 지금껏 열심히 잘해왔다고 생각한 일에 의문이 생기면 두렵고 불안해진다. 이제 외부로만 향해 있던 시선을 내부로 돌려 자신의 마음으로 들어가는 여정을 시작하게 된다. 자신에 대한 질문은 이러한 여정의 첫발이다. 이 과정은 쉬운 과정이 아니다. 그동안 만나기 싫었던 자신의 모습을 마주하면서 그 속에 머물러야 하기 때문이다. 이 과정으로 가다 보면 자연스럽게 우울해진다. 옛날의 우울했던 기억들이 하나둘 올라오면서 지금의 나를 꼼짝 못 하게 사로잡을 수도 있다. 나는 이 과정을 피하고 싶어 하는 내담자들에게 더 깊은 우울로 들어가라고 등을 떠민다. 깊은 땅속으로 들어가지 않으면 귀한 보석을 파낼 수 없다. 깊은 우울 속으로 들어가야 진짜 내가 보이고 나의 내면을 치유할 수 있다.

예를 들어 지혜 씨 같은 경우, '나는 정말 디자이너라는 이 일을 좋아서 하고 있나? 디자이너로서 실력이 있나? 이 일을 하면서 의미를 느끼나?'라는 의문을 품을 수 있다. 자기 자신에게 질문을 하기 시작하면 스스로의 내면을 깊이 들여다보는 시간을 가질 수 있다. 이 과정은 살면서 누구에게나 한 번은 꼭 필요하다.

사실 자기 자신에 대한 의문이 생기는 이 지점은 매우 중요한 갈림길이다. 자기수용으로 갈지, 아니면 마음에 안 드는 자신을 거부하고 남을 통제하려고 애쓰면서 남 탓만 하며 살 것인지. 적지 않은 사람들이 이 과정에서 상담을 종결하기도 한다. 너무 벅차고 어렵다고 느끼기 때문이다. 하지만 여기에서 그만두면 당장은 문제가 없어 보여도 다시 같은 증상이 나타날 가능성이 높다. 그래서 다시 상담실을 찾아오는 경우가 많다. 그렇게 되면 처음의 과정보다 훨씬 더 어렵고 힘들다. 그만큼 문제를 키워서 오기 때문이다.

보고 싶지 않은 열등감

다음 상담 시간이 돌아왔다. 지혜 씨는 처음의 무거운 표정이었다.

"그동안 제가 드린 질문에 대해서 생각해보셨어요?"

"네. 그런데 아무리 생각해도 잘 모르겠어요. 계속 교수님께 이미 말씀드린 내용들만 떠올라요."

"그럼 제가 다시 질문해볼게요. 뭐가 그렇게 숨이 막히도록 싫었을까요?"

"글쎄요……, 제가 말씀드렸듯이 돈에 쪼들리고 부모님께 사랑받지 못하는 게 너무 싫었어요."

"가난하면 내가 어때서요? 부모님께 무시당하면 내가 어때서요? 남편이 무능력하면 내가 어때서요?"

"그렇게 말씀하시니까 제가 너무 당황스럽네요. 어렸을 때 부모님께 그렇게 무시당하면서 산 것도 억울한데, 결혼해서라도 잘 살아야 하잖아요. 그런데 남편마저 무능해서 제가 다 알아서 해야 하니까 얼마나 속이 터지겠어요. 제가 뭐 큰 걸 바라는 것도 아니잖아요. 남편이 빚 없이 생활비라도 쪼들리지 않게 갖다주면, 제가 왜 일을 해서 돈을 벌려고 그런 생고생을 하겠어요?"

"그렇다고 해서 모든 사람이 다 지혜 씨처럼 반응하는 건 아니죠. 남편이 적게라도 벌어 와주는 것에 감사하며 사는 사람도 있으니까요."

"저는 빚을 지는 게 싫어요. 남한테 손 벌리는 것도 싫고요."

"빚지는 게 어떠신데요? 남한테 손 벌리는 자신이 어떠신데요?"

"창피하고 자존심 상하죠."

"창피하고 자존심 상하는 게 무엇인가요?"

"교수님, 솔직히 잘 모르겠어요. 그런데 다른 사람들도 자존심 상하는 걸 다 싫어하지 않나요?"

지혜 씨는 지금 자신의 창피한 마음을 다른 사람들도 다 그럴 거라고 생각하면서 일반화하여 무마하려고 하고 있다. 하지만 그렇게 한다고 해도 창피한 마음은 사라지지 않는다. 일시적으로 괜찮은 것처럼 느껴질 뿐, 지속적으로 마음에 남아 있기 때문이다. 이러한 마음을 '일반화를 통한 자기 합리화'라고 한다. 나는 이런 일반화를 무력화하기 위해서 내담자의 대답을 집요하게 물고 늘어진다.

"다른 사람한테 직접 물어보셨어요?"

"그걸 어떻게 물어봐요?"

"그럼 지혜 씨의 추측인 거네요?"

"교수님, 왜 이러세요? 저 답답해서 미치게 하려고 작정하신 거예요?"

그렇다. 나는 지금 지혜 씨를 일부러 코너에 몰아넣고 마주하고 싶지 않은 자신을 맞닥뜨리게 하고 있다. 이 과정은 내담자에게나 상담자에게 매우 힘들다.

"이 세상이 돈으로 돌아가는데 돈이 없으면 어떻게 살아요? 돈으로 서로 비교하고 돈이 없으면 바보 취급당하는 게 요즘 세상이라고요. 내가 돈이 없는데 다른 방법이 없잖아요? 나만 돈 돈 하면서 사는 게 아니라고요."

지혜 씨는 지금 일반화된 생각으로 자신의 상처에서 나온 마음을 덮으려고 한다. 이때 사람들은 여러 가지 모양으로 저항을 한다. 누구나 그러니까 나는 문제없다고 슬쩍 빠지는 방법이 가장 흔하다. 이것은 일종의 저항이다. 이러한 저항은 수용을 가로막는 결정적인 걸림돌이다. 또 다른 저항의 방법은 자신만 특별하다고 착각하고 호소하는 것이다. 예를 들면, "교수님이 제 사정을 아세요? 제 인생 안 살아보셨잖아요? 살아보시면 그런 말씀 못 하실걸요?"라면서 자기 자신이 얼마나 모진 인생을 살아왔는지 피력하면서 한탄한다.

무조건 몰랐다고 하면서 도망치는 방법도 있다. "그때 제가 어떻게 알았겠어요? 지금이니까 알죠. 그땐 몰랐잖아요. 몰랐던 저한테 왜 이러세요? 아무도 날 도와주지 않았어요. 내가 알았으면 그렇게 안 살았죠"라고 하면서 책임 회피 방식으로 저항하는 것이다. 이런 식으로 도망치게 되면 영영 자신의 내면과는 만나기 힘들다.

나는 저항하는 지혜 씨에게 좀 더 강경하게 대처했다.

"지혜 씨는 지금 자꾸만 도망치려고 하고 있어요."

"제가 도망친다고요? 아니 왜 도망을 쳐요?"

"진짜 아픈 진실을 보고 싶지 않아서죠. 이유가 어떻든 내 안에 생긴 슬프고 고통스러운 감정은 다 내 거예요. 무엇에 의해서 생겼든 내 안에 있는 것은 내가 해결해야 해요. 누구도 대신 해결해주지 않아요. 아버지가 지금 와서 지혜 씨에게 엎드려 사과를 한다고 해도 해결되지 않아요. 지혜 씨 마음이니까 지혜 씨가 해결해야 해요. 둘 중의 하나죠. 그대로 방치해서 썩게 하거나, 스스로 나서서 청소하거나. 어떤 것을 선택하고 싶으세요?"

"……."

"지혜 씨 부모님을 지혜 씨가 선택할 수 있나요? 지혜 씨의 가난한 현실을 지금 당장 바꿀 수 있나요?"

"……."

사실 이 과정은 굉장히 가슴 아픈 고통의 시간이다. 그토록 저항하면서 내 것이 아니길 바랐던 것이 내 것이었다는 것을 인정하고 바라봐야 하기 때문이다. '내가 가난한 거 맞는구나. 폭력을 휘둘렀던 사람이 내 아버지가 맞는구나' 인정해야 한다.

"대체 나더러 어쩌라는 거예요? 그래요. 난 가난한 양복점집 딸로 태어나서 오빠 때문에 관심도 받지 못하고 맞으면서 불쌍하게 자랐어요. 이게 저예요. 됐어요? 저한테 왜 이러시는 거예요? 내가 뭘 잘못했냐고요! 난 그저 부모님한테 사랑받고 싶었을 뿐이라고요! 다른 친구들처럼 지갑에 돈도 많고, 뭐든 말만 하면 엄마가 척척 사주는 그런 집 딸로 살고 싶었어요. 그게 그렇게 잘못된 거예요? 내가 얼마나 열심히 살았는데요. 남들한테 지지 않으려고 무릎을 꼬집어가면서 공부했어요. 내 자식은 나처럼 살게 하고 싶지 않아서 열심히 일해서 돈 벌려고 했어요. 부모라면 당연한 거잖아요. 그래서 무능한 남편이 싫었어요. 다시 옛날처럼 불쌍한 아이로 돌아갈까 봐 무서웠어요! 남들 부러워하면서 지지리 궁상맞게 사는 게 정말 지긋지긋했다고요!"

본격적인 가슴앓이 과정이 시작됐다. 깊은 내면에 있던 감정의 찌꺼기들이 터져 나오자 지혜 씨는 울고불고 소리쳤다. 나는 지혜 씨가 안전하게 자신의 감정을 끌어낼 수 있도록 이전과는 다른 방식으로 보호하고 격려하면서 계속 내면의 길로 안내했다.

"그러니까요. 그게 왜 그렇게 싫으신 거죠? 지지리 궁상맞게 살면 어때서요?"

"비참하게 사는 게 싫다고 했잖아요! 나도 다른 사람처럼 살 자격이 있잖아요. 내가 뭐가 못나서요. 나도 노력하면 얼마든지 부유하게 살 수 있어요."

"당연히 그러실 수 있죠. 누구든 원하고 바랄 수 있어요. 하지만 그게 이루어지지 않는다고 지혜 씨처럼 반응하지는 않아요. 그건 지혜 씨가 바라는 환상이지 현실은 아니죠."

"사람이 꿈을 꾸지도 못해요?"

"꿈꿀 수 있어요. 하지만 그 꿈 때문에 현실을 제대로 살지 못하고 있다는 게 문제지요."

"악! 다 싫어요! 듣기 싫어요! 내가 왜 이런 소리를 들어야 하는지 모르겠어요!"

열등감과 연결된 환상

지혜 씨뿐만 아니라 많은 사람들이 과거의 결핍에서 비롯된 헛된 소망을 지니고 산다. '내가 부잣집 딸로 태어나서 충분한 경제적 지원을 받았더라면 성공했을 텐데……', '내가 똑똑해서 명문대를 졸업했으면 대기업에 취업했을 텐데……', '내 키가 5센티미터만 더 컸으면 지금 모델을 하고 있었을 텐데……' 등등의 이루어질 수 없는 소망을 안고 살아간다. 지혜 씨의 마음속에는 어렸을 때 오빠처럼 부모님께 사랑받고 인정받고 싶다는 소망이 있었다. 하지만 지혜 씨는 그 벽을 넘을 수가 없었다. 지혜 씨의 시선은 친구 수경이에게 맞춰졌다. 엄마한테 사랑받고 풍요롭게 사는 수경이가 한없이 부러웠다. 자신도 그렇게 살고 싶었지만 이룰 수 없는 헛된 꿈이었다. 어른이 돼서도 친구 수경이는 여전히 잘살고 있고, 자신은 여전히 초라했다. 아무리 노력해도 수경이처럼 될 수 없는 자신을 받아들이는 것이 지혜 씨는 고통스러웠다. 하지만 그 고통을 이겨내고 나아가야 한다. 이루어질 수 없는 소망은 깨져야 한다. '나도 수경이처럼 남들에게 부러움을 받으면서 잘살고 싶다'는 그 마음을 깨야 한다. 그래야 친구 수경이와 분리되어 자기 자신의 삶을 살 수 있다. 그래야 무능력한 남편과 쪼들리는 자신의 현실을 받아들일 수 있다. 이것을 심리상담 용어로 '분화(differentiation)'라고 한다. 분화는 모든 인간의 주제라고 해도 과언이 아니다. 지혜 씨는 자신의 열등감으로 인해서 수경이와 자신을 분리하지 못하는 삶을 살고 있다. 수경이와 자신이 분화되지 못한 삶을 살기 때문에 수경이만 보면 부럽고 화가 난다.

자신을 깨는 이 고통의 시간이 내담자에게는 더할 나위 없이 소중하고 중요한 시간이다. 이렇게 가슴 아픈 시간들을 통해서 묵혀놓았던 감정을 실컷 쏟아내고 나면 온몸에서 힘이 빠진다. 그와 동시에 마음속에 알 수 없는 평안이 찾아오기 시작한다. 그렇게 놓기 싫어하며 움켜쥐고 있던 것을 놓아버린 뒤 체념이나 포기를 하면서 일종의 해방감 같은 것을 느끼게 된다. 폭풍우가 몰아치고 난 뒤 밝은 햇살과 함께 맑은 하늘이 드러나듯, 고통 뒤에 평화가 찾아온다. 그와 함께 고통의 강도도 낮아진다. 고통이 줄어든 만큼 현실을 받아들일 수 있는 여유가 생긴다. 이때가 자기수용이 시작되는 순간이다. 어떤 사람들은 암 선고를 받은 후 죽음 앞에서 이런 과정을 경험하기도 한다. 처음에는 저항하고 고통에 발버둥 치다가 어느 순간부터 차분하게 자신의 상황을 받아들이게 되는 것이다.

실컷 울고 소리치고 난 뒤 지혜 씨는 멍한 표정으로 앉아 있었다. 한참 후에 나는 물었다.

"지금 기분은 어떠세요?"

"글쎄요……, 좀 허전하긴 한데 마음은 이상하게 편안하네요."

"맞아요. 그동안 그런 감정의 찌꺼기가 막고 있었기 때문에 지혜 씨가 더 행복할 수 있었는데 행복하지 못했던 거예요. 지금 어떤 생각이 드시나요?"

"수경이가 아니꼽게 보이고, 남편이 미웠던 것이 결국 제 열등감 때문이었네요. 어렸을 때처럼 가난하고 관심받지 못하고 살까 봐 두려웠었네요. 그 열등감이 나도 수경이처럼 살고 싶다는 욕심을 만들어서 계속 내 인생을 살지 못하게 했던 것 같아요. 그냥 남들 눈치만 보면서 전전긍긍했어요. 참 바보 같아요. 그런다고 뭐가 달라지는 것도 아닌데……."

"맞아요. 그런 욕심이 지혜 씨 안에 거품을 만들어서 지혜 씨답게 살지 못하게 만든 거예요."

"왠지 남들이 나를 무시할 것 같고 깔볼 것 같아서 싫었어요."

"왜요? 깔보면 안 돼요? 깔볼 수도 있죠. 그거야 그 사람 마음이잖아요. 그건 지혜 씨와 상관없는 그 사람의 자유예요."

"그러네요……. 제가 너무 허망한 것에 힘을 쓰고 살았네요. 어떻게든 남들처럼 보란 듯이 살아보고 싶어서 아등바등했었는데, 쓸데없는 것에 너무 힘 빼면서 산 것 같아요. 그렇게 산 제가 너무 웃겨요."

지혜 씨와의 상담은 마무리됐다. 긴 과정이었다. 여기에서는 그것을 축소해서 설명해놓은 것뿐이다.

상담 이후 지혜 씨는 몰라보게 좋아졌다. 공황증세는 거짓말처럼 사라졌고, 남편과의 갈등도 줄어들었다. 부모님도 있는 그대로 받아들일 수 있는 힘이 생겼고, 친구들과의 사이도 자연스럽게 회복됐다. 무능력해 보이던 남편이 자신을 일편단심 사랑해주는 남편으로 보이기 시작했다. 강압적인 아버지 모습 사이로 딸을 사랑하고 의지하는 연약한 아버지의 모습이 보였다. 오빠만 감싸고돈다고 생각했던 엄마가 자신에게도 얼마나 무한한 사랑을 쏟아줬는지가 보이기 시작했다. 지혜 씨의 삶은 지혜 씨가 생각했던 것처럼 그렇게 비참하지 않았다. 지혜 씨가 불행했던 것은 마음속의 거품 때문이었다. 그 거품이 걷히고 나니 이미 누리고 있던 행복이 크게 다가왔다. 열심히 노력하는 남편과 건강하게 잘 자라고 있는 아들, 그리고 자신을 사랑하는 많은 주변 사람들이 보였다. 처음으로 지혜 씨는 자신이 참 행복한 사람이라는 생각이 들었다.

"수경아, 지난번 네 생일 때는 내가 미안했어. 너한테 열등감이 커서 그랬어. 네가 좋은 집에 사는 게 부럽기도 하고 내 신세가 답답하기도 해서 괜히 너한테 감정을 쏟아낸 거야. 미안해."

"야, 우리 사이에 그렇게 정색하고 말하니까 더 어색하다 얘. 난 다 잊었어. 어쨌든 그렇게 말해줘서 고맙다."

"그런 의미에서 오늘 밥은 내가 살게."

"아니야. 돈 많은 내가 사야지, 무슨 소리야? 넌 커피나 사."

"하하. 그래. 돈 많은 친구 있으니까 좋다."

"난 오늘 입만 따라가면 되는 거지?"

정현 씨와 수경 씨, 지혜 씨 세 사람은 오랜만에 유쾌하게 웃었다.

지혜 씨는 일상으로 돌아왔지만, 예전의 지혜 씨가 아니었다. 물론 지혜 씨의 현실은 크게 바뀌지 않았다. 하지만 마음이 울적하거나 짜증이 날 때면 스스로에게 왜 그런지 물어볼 줄 알게 됐다. 내면의 소리에 귀를 기울이게 됐다. 지혜 씨는 그렇게 들춰보기 싫었던 내면과 소통하면서 자신과 연결된 삶을 살게 된 것이다.

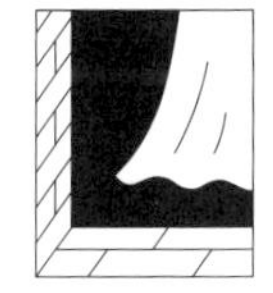

인생의 세 갈래 길

누구나 한 번쯤은 어디로 가야 할지 몰라 방황한 경험이 있을 것이다. 앞만 보고 최선을 다해 열심히 달려왔는데도 어느 순간 길을 잃어버리는 경우가 생긴다. 내비게이션도 없고, 길을 알려주는 사람도 없다. 그럴 때는 어떻게 해야 할까? 결론부터 말하면 길을 잃지 않도록 수시로 점검하면서 살아야 한다. 내가 지금 어디에 있는지, 그리고 어디로 향하고 있는지 계속 확인해봐야 한다. 그것이 깨어 있는 삶이다.

우리는 과거나 미래가 아닌 지금 주어진 현재를 살아간다. 그런데 어떤 사람들은 괴로운 과거에 빠져 사는가 하면, 허황된 미래에 빠져 살기도 한다. 몸은 현실에 존재하는데 엉뚱한 곳에서 방황하며 정작 자신이 어디에 사는지 알지 못하는 것이다. 그런 사람들은 대부분 살다가 심한 벽에 부딪혀야 자신의 삶을 뒤돌아본다. '내가 왜 이렇게 살아왔을까?',

'내 인생은 왜 이 모양일까' 뒤늦은 후회를 하거나 신세 한탄을 한다.

나는 심리상담가로 일하면서 인생의 길을 잃고 살다가 뒤늦게 후회하는 사람들을 많이 만났다. 심리상담가의 역할 중 하나가 그런 사람들이 길을 찾을 수 있도록 돕는 일이다. 내담자들을 상담하면서 나는 사람들이 많이 가는 세 가지 길을 발견했다. 첫째, 현실 회피와 자기 비하의 길, 둘째, 현실 부정과 자기 과장의 길, 셋째, 현실 수용과 자기 발전의 길이다.

현실 회피와 자기 비하의 길

이 길은 현실을 부정하면서 살다가 더 이상 자기가 원하는 대로 살기 어려워지면 그대로 현실에 안주하는 사람들이 가는 길이다. '해도 안 되는구나. 그래, 맞아. 현실의 벽은 너무 높아. 그저 남들 사는 대로 그냥 살자'라고 자신을 위로하면서 현실에 안주하거나, '남들도 다 그렇게 사는데 나라고 뾰족한 수가 있나?'라며 자기 합리화를 통해서 현실에 안주하기도 한다. 다수의 평균 속에 자신을 집어넣고 문제가 없는 것처럼 사는 것이다. 이렇게 살면 현실을 수용하기가 참으로 어려워진다.

현실에 안주하는 마음은 일종의 현실 회피라고 할 수 있다. 얼핏 보면 현실 안주를 현실을 받아들이는 수용적 모양새로 착각할 수도 있다. 하지만 그 내면으로 들어가 보면 현실을 강하게 부정하고 있음을 알 수 있다. 현실의 벽을 너무 높게 생각한 나머지, 자신은 아무리 노력을 해도 현실을 바꿀 수 없다고 생각하고 주저앉는 것이다. 이런 사람들은 결국 모든 것을 포기하고 주어진 현실대로 살아가는 삶의 방식을 취하게 된다.

이러한 삶의 방식은 대부분 희망이 없는 무의미한 삶, 또는 적당히 타협하는 안전제일주의의 삶으로 흘러간다. 그렇다 보니 매사에 불안하고 소극적일 수밖에 없다. 부정적이고 회피적인 마음 때문에 무사안일주의에 빠지기도 쉽다. 소극적인 삶은 미래 지향적이면서 도전하고 성취하는 인간의 본성과 배치된다. 인간은 자신의 현실에 만족하지 못하는 본성을 가지고 있다. 현실을 회피하는 사람은 이러한 인간의 본성과 어긋나는 삶을 살기 때문에 늘 마음속에 생기는 좌절을 피할 수 없다.

현실 부정과 자기 과장의 길

현실에 안주하는 경우는 그나마 좀 나은 편이다. 현실을 부정하는 경우는 자신이 원하는 대로 살기 위해서 자신을 과대 포장하면서 살아가는 사람들이 가는 길이다. 현실을 부정하면서까지 자신이 원하는 것을 가지려고 하다가 이루어지지 않으면 공황장애에 빠지거나 깊은 우울에 빠지는 사람들이 있다. 공황장애는 앞에서도 설명했듯이 자기가 원하는 대로 상황을 통제하거나 조절하려는 주도적인 마음이 강한 사람 또는 상황과 관계없이 원하는 대로 살려고 하는 사람들에게서 많이 나타난다. 현실 속의 자기 자신을 받아들이지 못할 때 쌓이고 쌓인 답답함과 울분이 넘쳐 나타나는 몸살 같은 반응이다. 우울증은 자신의 현실을 인정하면서도 자신이 원하는 것을 현실에 맞추어서 바꾸려는 마음이 없는 사람들에게 나타난다. 우울증을 가지고 있는 사람들은 현실을 인정하기 때문에 슬프지만, 자신이 원하는 것을 포기하는 마음이 없기 때문에 스스로를 현실 부적응자처럼 여기며 비난하면서 산다. 이들은 어떤 일에서 좌절을 겪게 될 때 겉으로 보기에는 자신이 원하는 것을 포기한 것처럼 보이지만, 내면 깊은 곳에서는 원하는 것을 더욱 꽉 움켜쥐고 있다. 현실과 내면의 욕구 사이에서 생긴 갈등과 괴리가 결국 우울증을 만들어낸다.

지혜 씨 사례에서 보았듯이 많은 사람들이 자신의 현실을 왜곡하며 없는 것을 있는 것처럼 착각하며 살아간다. 그리고 자신이 작게 가지고 있는 것을 크게 부풀려서 생각한다. 대표적인 경우가 완벽주의다. 인간은 그 자체로 불완전한 존재이고 실수할 수 있는 부족한 존재다. 그런데 많은 사람들이 이러한 자신을 받아들이지 않고 자신이 처한 현실을 부정하면서 자신의 능력을 크게 부풀리고 싶어 한다.

자신을 부풀리는 이유는 다른 사람에게 좋게 보이거나 그들보다 우위에 서고 싶은 욕구 때문이다. 이것은 경쟁 사회가 만들어내는 일종의 부작용이다. 이런 사람들은 다른 사람과의 갈등을 통해서 우위를 점하려고 하기 때문에, 늘 전쟁을 치르듯 피곤하고 고단한 삶을 살게 된다.

게다가 상대방을 이기는 데 초점을 두다 보니 자신이 원하는 것을 이루며 살아갈 틈이 없다. 자연히 인생을 낭비하게 된다. 이런 사람들은 끊임없이 불안에 시달리다가 나중에는 공황장애로 고생하기도 한다. 한마디로 자기 자신을 자신과 타인으로부터 철저히 고립시키면서 힘든 삶을 살아간다. 이런 사람들은 겉으로는 다양하고 떠들썩한 대인관계로 화려해 보이지만, 내면적으로는 외로움과 씨름하면서 고독하게 살아간다.

이렇게 자신의 내면을 소외하면서 외적 조건이나 사회적 상황에 초점을 맞춰 성공적인 사회생활을 하는 듯 보이는 사람들이 있다. 이들은 많은 사람들의 부러움을 받지만, 속으로는 열등감에 시달리면서 자신을 누가 좋아해줄까 의심하면서 살아간다. 이러한 내면의 소외된 자신은 언젠가는 사회적으로 물의를 일으키는 사건을 만들게 된다. 사회적 지위나 위치에 맞지 않는 행동을 하거나 지나치게 자신의 뜻대로 하려다가 자신과 많은 사람들을 힘들게 하기도 한다. 불행한 일이다.

현실 수용과 자기 발전의 길

현실 수용은 현실을 인정하고 모험에 도전하면서 자기 발전의 기회로 삼으며 살아가는 길이다. 현실 수용을 통한 자기 발전은 현실을 기반으로 미래를 개척하는 삶이다. 인간은 현실적이면서 동시에 이상적이다. 그래서 현실만 갖고 살 수 없고, 이상만으로도 살 수 없다. 현실만 있으면 현실 안주로 인한 회피적 삶이 되고, 이상만 있으면 현실 부정으로 인한 과장된 삶을 살게 된다. 그렇기 때문에 인간은 자신이 처한 현실에서 자신이 도전할 수 있는 미래의 발판을 확인할 필요가 있다.

자신의 것을 소중히 여길 수 있는 사람만이 미래의 아름다움을 만들어갈 수 있다. 현실 수용은 이렇게 자신이 처한 현실을 받아들임으로써 자기를 발전시켜나갈 수 있는 계기를 만들어가게 해준다. 지금이 있어야 미래가 있는 것처럼, 지금의 순간순간들을 소중하게 모으면 미래에 많은 것들이 생긴다.

여기서 확실히 해둘 것이 있다. 현실을 수용하라고 하면 현실에 안주하려는 마음을 가질 수가 있다. 현실을 있는 그대로 보라고 하는 메시지는 현실의 흐름 속에 안주하라는 말로 들릴 수도 있다. 이렇게 되면 현실 수용은 현실만 바라보는 현실주의자의 삶을 만들게 된다. 현실 이외에는 대안이 없다고 생각하게 돼 현실 안주의 삶이 된다. 그러나 현실 수용과 현실 안주는 엄연히 다르다. 현실을 수용하면서 이를 발판으로 삼아 미래로 나아가는 삶과 현실의 벽에 부딪혀서 아무것도 할 수 없다고 생각하는 자기 패배적 삶은 근본적으로 질적으로 차이가 있다.

02

바꿀 수 없는 현실 때문에

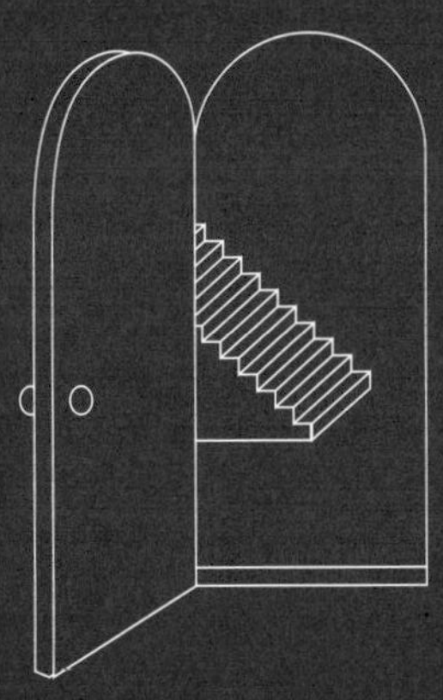

지혜 씨의 사례에서 보듯 우리에게는 받아들이고 싶지 않은 수많은 현실이 존재한다. 돈, 가족 문제뿐만 아니라 외모, 학벌, 능력 등 바꾸고 싶어도 바꿀 수 없는, 열등감을 갖게 되는 현실 말이다. 이 현실을 어떻게 받아들이며 살아야 할까? 우리 이웃들의 다양한 사례들을 통해서 그 방법을 집중적으로 살펴보자.

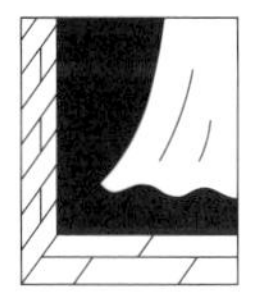

돈 없으니 모양 빠진다

승민 씨는 대기업에 다니는 장래가 촉망되는 젊은이다. 그러나 낭비벽 때문에 늘 경제적으로 마이너스인 삶을 살고 있다. 부잣집 아들도 아니다. 오히려 식당을 하는 어머니 밑에서 가난하게 자랐다.

친구들과 어울리면 승민 씨는 습관처럼 술값이든 밥값이든 자기가 계산했다. 취미생활도 다양해서 각종 운동기구나 회원권에 들어가는 비용도 만만치 않았다. 승용차도 비싼 차를 리스하고 있다. 결국 카드 대금을 연체하다가 신용 불량자가 되었고, 잇따라 우울증이 찾아왔다.

낭비벽은 왜 생겼을까?

상담을 하면서 승민 씨의 가족을 살펴보니 승민 씨 행동의 이유를 찾을 수 있었다. 승민 씨 아버지는 도박 중독이었다. 아버지는 가정은 나 몰라라 했고, 어머니가 식당을 해서 가계를 꾸려가고 있었다. 그런데 어렵게 어머니가 돈을 모아놓으면 어느새 아버지가 몰래 훔쳐 가거나, 어머니한테 폭력을 가해 빼앗아 가곤 했다. 어머니가 돈을 내놓지 않으면 아버지는 어린 승민 씨에게까지 폭력을 행사했다. 어머니는 아들을 보호하기 위해 어쩔 수 없이 숨겨놓은 돈을 건네주곤 했다. 아버지가 집에 올 때마다 집 안은 아수라장이 됐고, 아버지가 사라지고 나면 어머니는 밤새도록 울며 신세 한탄을 했다. 어머니가 운영하는 식당은 잘되는 편이었는데도 승민 씨네 가족은 늘 가난에 허덕였다. 이런 상처는 승민 씨에게 '돈이 생기면 누군가가 와서 빼앗아 가기 전에 무조건 써야 한다'라는 엉뚱한 신념을 심어줬다. 승민 씨는 고생해서 번 돈을 무기력하게 빼앗기는 어머니의 모습을 보며 안타깝고 답답했다. 그리고 폭력을 행사하며 돈을 빼앗아 가는 아버지가 너무 밉고 원망스러웠다.

그리고 그런 부모를 둔 자신의 처지가 불쌍하고 지질하게 느껴졌다. 한편으로는 잘사는 부모를 둔 친구들에게 기죽고 싶지 않은 마음도 있었다. 돈이 평생의 주제였던 가족과 풍족한 친구들에게 기죽고 싶지 않은 마음이 결합하면서 승민 씨는 돈으로 자신을 포장하기 시작했다. 아버지처럼 도박장에서 돈을 버리지는 않았지만, 돈으로 자신을 포장하고 과시하려는 방식은 비슷했다.

승민 씨는 자신의 현실을 못마땅해하며 가짜 인생을 살고 있었다. 그러면서 가짜 인생의 대가를 많이 치르고 있었다. 빚에 시달리면서도 돈이 많은 것처럼 여자친구를 속이다가 어느 날 들통이 나면서 내침을 당한 일도 있었다.

승민 씨는 상담을 통해서 그동안 부정하고 있던 도박꾼 아버지를 아버지로 인정해야 했다. 그리고 나약한 어머니를 받아들여야 했다. 외면하고 있던 부모님을 다시 만나는 것은 힘든 일이었다. 부정하던 사실을 다시 인정하려고 하면 마음속에서는 엄청난 저항이 생긴다. 이전으로 돌아가고 싶지 않은 마음이 거세게 일어나고, 이러한 마음 때문에 상담자를 원망하기도 한다. 나는 승민 씨의 억울함, 분노, 슬픔 등의 부정적인 감정들을 끌어내 표현하도록 하면서 부풀어진 마음에서 바람을 빼는 작업을 병행했다. 이 과정은 매우 조심스럽고 힘들었다.

자신을 부풀려주던 바람이 빠지자, 승민 씨는 한동안 멍한 상태로 살았다. 그토록 부정하고 싶었던 초라한 과거 속으로 타임머신을 타고 돌아간 듯한 느낌 때문에 괴로워했다. 그리고 많은 시간을 우울 속에서 보냈다. 하지만 승민 씨는 그 힘든 과정을 잘 이겨냈다. 상담이 마무리될 즈음, 승민 씨는 말했다.

"마음의 짐을 내려놓은 것처럼 편안해요. 하지만 그동안 가졌던 꿈마저 사라진 것 같아서 허전하고 공허한 마음도 듭니다."

마음의 병이 치유되면서 낭비벽과 허세는 점점 사라졌다. 승민 씨의 낭비벽은 돈을 아껴 쓰지 못하는 경제관념의 문제가 아니라, 마음의 상처 때문이었다. 그 상처가 현실에서 살지 못하게 가로막는 장애물이 된 것이다. 승민 씨가 내면으로 가는 힘겨운 여행을 잘 해낼 수 있었던 것은 진짜 자기 자신으로 새롭게 살고 싶은 열망 때문이었다.

돈 때문에 '쪼잔해진' 상현 씨

상현 씨는 가난한 집안의 장남으로 태어났다. 아버지는 일찍 돌아가시고 건물 청소부로 일하시던 어머니는 계단에서 떨어져 누워 계신 지 수 개월이 지났다. 대학에 다니는 동생을 뒷바라지하는 일은 고스란히 상현 씨의 몫이 됐다. 그렇다 보니 월급을 타도 교통비와 기본 용돈을 쓰고 나면 끝이다. 이런 상황에서 친구들과 오랜만에 만나 저녁 식사를 하러 갔다. '내가 낼까?' 잠시 생각해봤지만 그렇게 되면 한 달 용돈을 다 써야 했다. 상현 씨는 밥값을 낼 시점이 되자 살짝 화장실로 도망쳤다.

"상현이 어디 갔냐? 또 밥값 안 내려고 튄 거 아냐?"

"여하튼 상현이 이 자식은 진짜 쪼잔하다니까!"

상현 씨는 화장실에서 뒤통수가 따갑고 심장이 두근거렸다. 그날 밥값 25만 원은 대기업에 다니는 친구가 계산하는 것으로 마무리됐다. 집으로 돌아오는 길에 상현 씨는 기운이 빠지면서 자괴감이 일었다. '휴! 그냥 내가 눈 한 번 딱 감고 낼 걸 그랬나? 그럼 친구들한테 덜 미안하고 쪼잔하다는 소리도 안 들었을 텐데…….' 괴롭고 후회스러웠다. 상현 씨는 혼자 중얼거렸다.

"불쌍한 놈. 너 언제까지 이러고 살 거냐?"

상현 씨가 괴로운 이유는 밥값을 내지 못한 자신의 행동을 '쪼잔하다'고 생각하고, 그런 자신을 받아들이지 못하기 때문이다. 이 생각을 깊이 파 내려가면 나는 '쪼잔하지 않은 사람이다'라는 마음이 있다. 그 마음과 쪼잔한 행동을 하고 있는 자신이 부딪치면서 괴로움에 휩싸이게 되는 것이다.

여기서 상현 씨의 오해가 시작된다. 만약 밥값을 지불한다고 해도 상현 씨의 존재가 커지는 것은 아니다. 그런 행동으로 상현 씨의 평판이 달라지고 상현 씨의 기분이 달라질 수는 있지만, 상현 씨의 존재 자체는 변함이 없다. 많은 사람이 자신의 존재와 행동을 분리하지 못해 생기는 오해를 한다. 인간은 누구나 작은 존재다. 앞으로 자세하게 설명하겠지만, 인간은 누구나 쪼잔한 면모를 가지고 있다. 이것부터 깨닫고 인정해야 자기 자신을 받아들일 수 있다. 그렇다고 해서 상현 씨가 돈을 내지 않은 것이 무조건 잘했다는 뜻은 아니다. 내가 말하고자 하는 것은 그 행동을 했을 때 내면에서 일어나는 감정의 소용돌이다.

상현 씨는 실제로 '쪼잔하고 돈이 적은 나'로 살고 있다. 하지만 '통이 크고 돈이 많은 나'이길 바라는 헛된 소망을 가지고 있다. 이 갭만큼 상현 씨는 괴롭다. 상현 씨는 어떻게 해서든 자신이 받는 많지 않은 월급으로 한 달을 살아내야 한다. 그러므로 지금 해야 하는 것은 아프지만 헛된 소망을 깨뜨리는 것이다. '통이 크고 돈이 많은 나'의 모습을 보여주고 싶지만 그것은 괜찮아 보이고 싶은 거품임을 인정하고, 돈이 적고 그래서 돈을 낼 수 없는 자신을 받아들여야 한다. 그리고 그런 나도 괜찮다고 할 수 있어야 한다. 그래야 돈을 낼 수는 없지만 자신의 정체성을 유지할 수 있다.

만약 밥값을 냈다면?

만약 상현 씨가 그날 눈을 질끈 감고 밥값 25만 원을 무리해서 냈다면 어땠을까? 이것 역시 거품이기는 마찬가지다. 자신의 주머니 사정으로는 그 돈을 낼 수 없는 상황인데, 친구들 앞에서 체면을 구기고 싶지 않거나 있는 척하고 싶어서 돈을 냈다면 상현 씨는 앞서 사례자로 나온 승민 씨처럼 자신의 현실을 무시한 채 가짜 자기로 행동한 것이다. 어찌 보면 이것이 실제 상현 씨의 쪼잔한 행동보다 더 심각한 거품일 수 있다.

친구들 앞에서 있는 척하고 싶은 욕망은 밥값에서 커져 해외여행을 가거나, 비싼 차를 리스하는 행위 등으로 발전해 경제적 부담을 더욱 가중할 수도 있다. 만약 상현 씨가 이런 식으로 대책 없이 지출한다면 얼마 지나지 않아 경제적 타격을 받게 될 것이다. 빚더미 위에 올라앉아서 사채를 쓰거나 승민 씨처럼 신용 불량자로 전락할 수도 있다.

소비가 미덕인 현대 사회를 살다 보면 남들이 하는 것은 다 누리고 싶어진다. 이때 그렇게 할 수 없는 현실 앞에서 돈이 많은 것처럼 허세를 부리다가 곤경에 처하는 것이나, 돈이 없다고 좌절하는 것이나 둘 다 경제적 거품 현상인 것은 마찬가지다.

그렇다면 상현 씨는 어떻게 해야 했을까? 우선 자신의 형편을 친구들에게 알려야 한다. 그리고 양해를 구해야 한다. 그것을 할 수 없다면 그 모임 자체를 포기해야 한다. 모임에는 나가고 싶고, 돈은 내고 싶지 않다면 이기적인 행동이다. 현실을 인정하고 그만큼의 대가를 치르는 것이 자기를 받아들이는 수용의 삶이다. 만약 상현 씨가 자신의 형편대로 사는 삶을 선택한다면, 어느 쪽을 선택하든 처음에는 마음의 고통이 약간 수반될 수도 있다. 하지만 시간이 지날수록 자신의 정체성을 지키며 진짜 자기로 사는 속 편함을 누릴 수 있을 것이다.

형편에 맞는 현실 살아내기

수영 씨는 오랜만에 친구들과 만났다. 남편이 직장을 그만두고 집에서 쉬고 있기에 수영 씨는 마음이 조금 무거웠다. 식사가 끝나고 잡담을 나누던 중에 한 친구가 제안을 했다.

"얘들아, 우리 크루즈 여행 한번 안 갈래?"

"뭐? 크루즈? 그거 좋다!"

"이번 기회에 유럽 구경도 하면 좋잖아. 숙식 걱정도 안 하고 먹고 놀기만 하면 되니까 얼마나 좋냐?"

"얼만데?"

"한 사람당 200만 원에서 300만 원 정도면 충분하대. 생각보다 싸더라고."

"아, 괜찮네! 미국 비행기푯값밖에 안 되잖아. 그래, 가자! 수영이 너도 갈 거지?"

수영 씨는 당황스러웠다. 짧은 순간이었지만 머릿속에서 많은 생각이 오갔다. 그냥 거짓말로 아무 일 없는 것처럼 넘어갈까? 아니면 사실대로 말할까? 고민스러웠다. 수영 씨는 사실대로 말하는 것을 선택했다.

"아니. 미안하지만 난 못 갈 것 같아."

"왜? 무슨 일 있어?"

"응. 나 요즘 경제 사정이 별로 좋지 않아. 남편이 직장을 그만뒀거든."

"뭐? 정말? 난 몰랐어. 얘, 너 많이 속상하겠다."

친구들과 헤어져서 돌아오는 길에 수영 씨는 왠지 마음이 울적했다. 수영 씨는 그런 자신의 감정을 바라보았다.

'김수영, 너 우울하구나. 괜찮아. 오늘 아주 잘했어. 너는 오늘 너의 현실을 그대로 잘 받아들였어. 친구들 앞에서 아닌 척 위선 떨지도 않고 잘 말했어. 지금 너 마음이 슬프지? 슬퍼도 괜찮아. 너한테는 자상한 남편이 있잖아. 넌 잘 이겨낼 수 있어.'

그렇게 자신에게 이야기하고 나니 무거웠던 마음이 훨씬 가벼워지는 것 같았다. 수영 씨는 남편에게 전화를 걸어서 오늘 저녁은 삼겹살 파티를 하자고 제안했다. 그러잖아도 아내가 혹시라도 어깨가 처져서 들어오면 어떡하나 걱정하고 있던 남편은 수영 씨의 제안에 안도하며 기뻐했다.

만약 수영 씨가 자신의 현실을 받아들이지 않고 거품 현상에 져버렸다면, 남편이 실직한 사실을 친구들에게 숨기고 빚을 내서라도 크루즈 여행을 강행했을 것이다. 그러다 보면 돈이 부족한 현실이 더 짜증스럽게 느껴지고, 집에 있는 남편에게 얼른 새 직장을 찾아보라고 볶으면서 부부싸움을 했을 가능성이 높다. 그와 동시에 수영 씨의 마음과 남편의 마음은 거칠어지고 가정은 금세 지옥이 됐을 것이다.

우리의 현실은 늘 바뀐다. 현실에 대응하는 방식은 두 가지가 있다. 있는 그대로 받아들이고 마음 편안하게 살 것인가? 아니면 받아들이지 않고 괴로운 마음으로 거짓된 삶을 살 것인가?

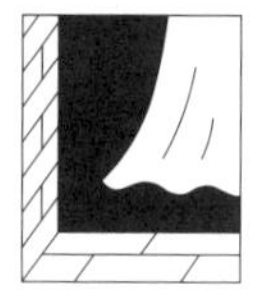

우리 가족만 지질한 것 같아

"엄마를 죽이고 싶어요."

상담실에 들어서서 한참 동안 침묵만 지키던 성준 씨가 처음 꺼낸 말이다. 성준 씨는 이탈리아로 유학을 떠나 공부하던 중 돌연히 귀국해 방에서 칩거생활에 들어갔다. 이런저런 방법을 동원해봐도 변하지 않는 아들 때문에 고민하던 성준 씨의 어머니는 1년 만에 겨우 아들을 상담실에 보낼 수 있었다.

성준 씨는 엄마에 대한 분노를 계속 표출했다. 분노의 강도로 보아 오랜 시간 동안 내면에 상처가 쌓이고 쌓인 것이 분명했다.

"그렇게 엄마가 미운 이유가 뭘까요?"

"엄마는 뭐든 엄마 맘대로 하려고 해요. 이 세상 모든 게 엄마 뜻대로 돌아가길 원해요. 아버지가 심장마비로 돌아가신 것도 다 엄마 때문이에요. 엄마가 아버지를 숨 막히게 몰아세우지만 않았어도 아버지가 그렇게까지 일에 치여 살진 않았을 거예요. 제가 초등학교 3학년 때 피아노 학원을 빼먹고 친구들과 놀러 갔다고 엄마는 저를 밤새도록 때렸어요. 그리고 추운 겨울인데도 베란다에 세워뒀죠. 제가 얼어 죽을 지경이 돼서야 문을 열어줬어요. 결국 저는 기절해서 응급실에 실려 갔어요. 그렇게 지독한 엄마 성격에 정말 진저리가 나요. 엄마는 화장실에 떨어진 머리카락 하나도 못 참아요. 저는 침대를 정리하는 게 귀찮아서 어떤 날은 맨바닥에서 잔 적도 있어요. 유학을 떠나면 괜찮을 거라고 생각했는데, 저의 오산이었어요. 엄마는 하루에도 몇 번씩 전화해서 제 생활을 다 보고받았어요. 성적은 말할 것도 없고요. 어떤 교수한테 어떤 수업을 받았는지도 일일이 보고해야 했어요. 이대로 가다간 제가 미칠 것 같아서 중간에 포기하고 집으로 돌아와 버린 거예요. 엄마한테 복수하고 싶어요. 그동안 저한테 들인 돈이며 시간들, 제가 다 무너뜨려 버릴 거예요!"

성준 씨는 엄마에 대한 미움을 속사포처럼 쏘아댔다.

"그렇게 했을 때 성준 씨의 인생은 어떻게 될지 생각해보셨어요?"

"상관없어요. 할 수만 있다면 더 망해버리고 싶어요."

성준 씨는 상담실에 올 때마다 엄마에 대한 분노를 폭발시켰다. 그러다 보니 자신의 감정을 공감하고 내면을 바라보는 데까지 오랜 시간이 걸렸다. 상담의 대부분은 엄마를 죽이고 싶을 만큼 분노하는 자신을 바라보고 받아들이는 작업이었다. 그래야 그다음 과정으로 죽이고 싶은 엄마가 받아들여질 수 있다. 그 과정은 지루한 긴 항해 같았다. 성준 씨는 아무리 발버둥 쳐도 엄마를 바꿀 수 없다. 성준 씨가 살기 위해서는 성준 씨 자신을 바꿔야 한다. 안타깝지만 오직 그 방법밖에 없다.

성준 씨의 어머니는 어린 시절 똑똑하고 공부를 잘했지만, 가난한 집안 형편 때문에 대학을 갈 수 없었다. 공장에서 재봉사로 일하던 어머니는 성실함과 탁월한 감각과 능력을 인정받아서 동대문 의류 상가에 점포를 여러 개 갖고 있는 업체에 스카우드됐다. 그곳에서도 밤잠을 안 자고 악착같이 뛰어서 결국 어머니는 자신의 가게를 시작할 수 있었고, 점점 가게를 확장해 의류 사업으로 크게 성공하게 되었다. 성준 씨 어머니는 아들만큼은 자신이 걸었던 가시밭길을 걷게 하고 싶지 않았다. 그래서 더욱 아들을 닦달하며 다그쳤다. 하지만 이런 사랑은 도리어 아들의 마음을 병들게 만들었다.

주체할 수 없는 분노를 터뜨리던 성준 씨는 어느 순간부터 울기 시작했다. 추운 베란다에서 떨고 있던 어린 시절의 자신을 마주하고 아이처럼 엉엉 울었다. 점수가 1점 떨어졌다고 엄마에게 매질을 당하던 자신을 마주하곤 또 엉엉 울었다. 그렇게 비참하고 괴로웠던 감정을 쏟아낸 후엔 마음이 허전하고 공허했다. 사람은 마음이 분노로 가득 차면 다른 사람의 말을 듣기 어렵다. 그러나 마음이 허전하고 공허해지면 다른 사람의 말을 들을 수 있는 준비가 된다. 이 공허하고 허전한 마음이 바로 심리적 공간이다.

나는 그 공간에 대고 성준 씨 어머니의 상처에 대해서 조심스럽게 말해주었다. 추운 겨울 새벽에 주린 배를 움켜쥐고 동대문 시장을 뛰어다녀야 했던 어머니의 모습을 그려보게 했다. 다른 친구들은 대학 캠퍼스에서 웃으며 시간을 보낼 때, 어두운 공장에서 먼지 나는 재봉틀과 하루 종일 씨름해야 했던 젊은 시절의 어머니를 바라보게 한 것이다.

엄마의 기대를 이루어주고 싶었던 마음

감정을 퍼내고 퍼내서 바닥이 드러날 즈음, 성준 씨는 자신의 더 깊은 속마음을 바라볼 수 있게 됐다. 어머니의 열망대로 따라가기에는 자신의 능력이 부족하다는 현실 앞에서 절망하는 자신을 보게 됐다. 그 모습 속에는 엄마를 사랑하고 엄마의 소원을 들어주고 싶은 아들의 순수한 사랑이 숨어 있었다. 이탈리아에서 돌아온 것은 도저히 자신의 실력으로는 수업을 따라갈 수 없기 때문이었다. 결국 유급이 되자 그대로 짐을 싸서 돌아와 버린 것이다.

성준 씨는 엄마의 기대에 부응하는 능력 있는 아들이 되고 싶은 소망과 무능력하고 지질한 자신의 현실 사이에서 괴로워했다. 엄마의 기대에 맞는 아들이 되고 싶은 소망은 이룰 수 없는 꿈이다. 그 허상의 거품만큼 성준 씨는 박탈감과 열등감에 시달렸고 그 열등감이 분노로 변해서 엄마에게 독화살을 퍼붓고 자신을 망가뜨리려고 했던 것이다.

오랜 상담 끝에 성준 씨는 엄마의 기대에 부응하지 못하는 자신을 받아들일 수 있게 됐다. 그러자 엄마에 대한 태도도 서서히 바뀌기 시작했다. 엄마에게 처음으로 미안한 마음을 표현했다. 사실 그것이 진짜 속마음이었다. 성준 씨는 고생하며 자신을 뒷바라지하는 어머니의 노력을 누구보다도 잘 알고 있었다. 그래서 어머니가 정한 목표에 도달해보려고 안간힘을 쓰면서 살아온 것이다.

어머니도 성준 씨 못지않게 많은 시간 동안 상담이 필요했다. 그녀 역시 아들이 파괴되는 모습을 보며 자신의 욕심을 내려놓아야 한다는 사실을 받아들였다. (여기서 성준 씨 어머니의 상담 과정은 생략한다.) 그리고 아들의 있는 그대로의 모습을 받아들이게 됐다. 사랑하는 아들이 더 이상 망가지는 것을 원하지 않았기 때문이다.

우리는 자신의 힘으로 어찌할 수 없는 현실 앞에서 좌절하고 분노하며 무너져버린다.

성준 씨는 비정상적으로 닦달하는 엄마가 힘들었고, 어머니는 부족한 것 없이 다 지원해주는데 만족할 만한 결과를 보여주지 않는 아들이 힘들었다. 두 사람은 각자의 현실을 받아들이지 못했기 때문에 서로가 문제라고 생각했다.

보통은 부모 자식 간에 온갖 시행착오를 겪고 나서야 현실을 인정하게 된다. 그래야 나도 살고 다른 사람도 살릴 수 있다는 것을 깨닫게 되는 것이다.

내 부모를 바꾸고 싶다

몇 해 전 인기리에 방영됐던 드라마 「스카이 캐슬」의 한서진이라는 인물은 가족의 현실을 받아들일 수 없어 거품을 만들어낸 좋은 사례이다.

한서진은 시장 골목에서 선지를 파는 술주정뱅이의 딸로 태어났다. 그러나 그녀는 시드니 은행장의 딸로 자신을 위장한다. 좋은 집안의 며느리를 찾는 시어머니 때문에 그랬다고는 하지만 결혼 후에도 거짓말은 계속된다. 잘나가는 의사 남편과 공부 잘하는 딸을 둔 품격 있는 주부 한서진은 가난한 술주정뱅이 아버지를 받아들일 수 없기 때문이다. 그러나 자신의 과거를 아는 친구의 등장으로 그녀의 아성은 흔들리기 시작한다. 한서진은 과거가 들통날까 봐 살얼음판을 딛듯 조마조마한 마음으로 살아가다가 친구가 무심코 던진 한마디 실수 때문에 과거가 만천하에 드러나면서 사람들의 조롱을 받게 된다.

나는 한서진의 심정이 이해가 됐다. 나도 어렸을 때 아버지가 돌아가시고, 홀어머니 밑에서 가난하게 산 세월이 있다. 그때의 나는 부자 부모님을 둔 친구가 몹시 부러웠고, 허구한 날 등록금을 걱정해야 하는 내 가난이 서러웠다. 아침마다 피곤한 몸을 이끌고 일하러 나가시는 어머니의 뒷모습을 아프게 바라보지 않기 위해서 나는 더 열심히 공부했다. 얼마나 많은 사람들이 금수저 집안에서 태어나지 못한 것을 아쉬워하는가.

많은 사람이 가족을 받아들이지 못해서 고통을 겪는다. 장애를 안고 태어난 자식 때문에 고통을 겪는 부모가 있는가 하면, 치매를 앓는 부모 때문에 고통을 겪는 자녀도 있다. 부모의 빚을 갚느라 서너 개씩 아르바이트를 해가며 고시원에서 사는 자녀도 있고, 마흔이 넘어서도 얹혀사는 자녀 때문에 고통을 호소하는 부모도 있다. 이들 대부분은 현실의 가족을 받아들이기 어려워한다. 실제의 부모나 자녀를 받아들이지 못하고 자기가 원하는 가족의 모습을 그리며 고통스러워한다. 부모의 가난 때문에 힘들어하는 자녀들이 많긴 하지만, 가족의 문제는 경제적인 문제에만 국한되지 않는다. 돈이 많아도 자녀를 통제하거나 억압하며 함부로 대하는 부모들이 있다. 나에게 상담을 하러 오는 청년들 중에는 재력가 부모를 둔 자녀들이 꽤 많다.

한서진처럼 가족에 대한 거품 현상 속에 사는 사람들은 고통이 심하다. 그래서 좀처럼 진실과 대면하려고 하지 않는다. 가면이 벗겨지면 자신이 무너질 것 같아서이다. 하지만 가족의 비밀은 언젠가는 들통이 나게 된다. 어쩔 수 없는 상황 속에서 강제로 자신의 실체가 드러나게 되는 경우, 많은 사람은 절망의 나락으로 떨어진다. 특히 어렸을 때부터 가족에 대한 열등감을 느끼며 거품 현상 속에 살아온 경우에는, 진실이 폭로되면 존재 자체가 위협을 받는다. 그래서 더욱 안간힘을 써서 자신의 현실을 감추려고 한다.

사람들은 자신이 가장 인정하기 싫은 진실이 폭로되었을 때 여러 가지 반응을 보인다. 폭로한 상대방을 공격하며 화를 내거나 자해하거나 우울에 빠진다. 더 심해지면 자살을 하고 싶은 마음이 들거나 망상증이 생기는 등 심한 정신적인 증상을 겪기도 한다. 이것을 극복하는 길은 오직 하나, 있는 그대로의 자기 자신을 받아들이는 것뿐이다.

한서진이 가족 거품에서 벗어나기 위해서는 허상이 부서지는 고통을 겪어내야 한다. 고통스러운 순간이지만 멀리 내다보면 자신을 살리는 고통이다. 내면에서 자라는 헛된 소망의 암 덩이를 잘라내는 수술이 시작되는 순간이다. 많은 사람들이 이 고통의 순간을 피하기 위해 발버둥 친다. 허세를 부리며 차지했던 꼭대기에서 나락으로 떨어지는 느낌이 들기 때문이다. 거짓말쟁이, 사기꾼이라는 손가락질을 받는 대가도 치러야 한다. 그 고통의 순간을 이겨내면 그때부터 한서진은 선지를 팔던 주정뱅이의 딸이라는 진짜 자신을 받아들이며 자신으로 살 수 있게 된다. 은행장 딸로 살며 자신의 과거가 폭로될까 봐 조마조마하며 두려워하지 않아도 된다. 그것은 이전과는 확연히 다른 삶이다. 현실 수용은 우리를 그런 자유로운 삶으로 이끌어준다.

내가 어떤 부모에게서 태어나는가 하는 문제는 인간의 영역이 아니다. 인간의 권한 밖이다. 내가 노력한다고 인품이 훌륭한 부모나 부잣집에 태어날 수는 없지 않은가. 그 절대적인 진리를 부인하면 부인할수록 삶은 비참해지고 비극으로 치달을 수밖에 없다. 부부는 헤어질 수도 있지만, 부모와 자식은 헤어지려야 헤어질 수가 없다. 부모 형제는 무조건 받아들일 수밖에 없는 존재들이다. 고통스럽더라도 마음에 안 드는 가족이 내 가족임을 인정하여야 한다. 그래야 현실의 땅에 발을 딛고 내 삶을 제대로 살아낼 수 있다. 물론 가족을 인정한다고 해서 가족 문제를 내가 다 책임져야 한다는 의미는 아니다. 각자의 문제는 각자가 책임지는 것이다. 문제 가족이 내 가족이라는 현실을 받아들이고 거기에서부터 시작하면 된다는 얘기다. 가족을 부인하면 결국 나 자신을 부인하는 셈이 되어 심각한 심리적 그리고 사회적 문제를 일으킬 수 있다.

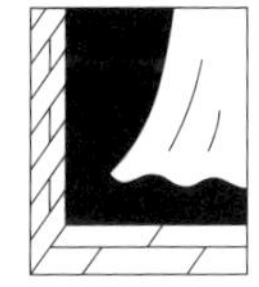

"그 일은 절대 일어나면 안 되는 일이었어"

미진 씨는 교통사고로 사랑하는 딸을 잃었다. 햇살이 따스한 오후, 미진 씨는 다섯 살짜리 딸의 손을 잡고 산책도 할 겸, 집 앞에 있는 마트로 향하고 있었다. 그때 친구에게 전화가 걸려왔다. 미진 씨는 통화를 하느라 잠시 딸을 잡고 있던 손을 놓았다. 그 사이에 아이가 차도로 내려갔고, 미진 씨는 미처 보지 못했다. 끼익! 자동차가 급정거하는 소리에 돌아본 순간 딸은 달려오던 차에 치였고, 결국 숨을 거두고 말았다. 마른하늘에 날벼락처럼 닥친 불행이었다. 아이의 죽음 이후 미진 씨의 인생은 출구 없는 고통의 터널 속으로 들어갔다. 미진 씨는 자신의 부주의를 용서하기 힘들었다. '그날 내가 마트에 가지만 않았어도, 전화를 받지만 않았어도…….' 하루에도 수천 번씩 그날 일을 회상하며 후회하고 또 후회했다. 자신이 아이를 죽였다는 죄책감 때문에 우울증은 갈수록 깊어졌다. 사고 이후 남편과의 갈등도 커져서 끝내 두 사람은 이혼을 하게 됐다. 혼자가 된 미진 씨는 우울증과 싸우며, 아이의 사진을 보고 눈물짓는 힘겨운 삶을 살고 있었다.

자식을 가슴에 묻는 고통은 사람이 겪을 수 있는 고통 중에서 가장 큰 고통일 것이다. 미진 씨가 이 지옥 같은 고통의 늪에서 빠져나오기 위해서는 눈앞에 닥친 현실을 인정해야 한다. 참으로 힘든 일이다. 하지만 이 싸움을 이겨내지 못하면 스스로 생을 포기하고 싶은 유혹에 빠지게 된다. 미진 씨는 아이를 잃은 슬픔 못지않게 자신의 실수를 인정하지 못하는 자괴감도 컸다. 그런데 이 괴로움 속에는 거품이 들어 있다. '실수하지 않는 완벽한 나'라는 소망이 숨어 있다. 이 소망은 환상이다. 실수를 적게 하고 많이 하고의 차이만 있을 뿐, 사람은 누구나 실수를 하기 때문이다. 미진 씨가 이 고통에서 빠져나오는 길은 자신이 만든 거짓 거품을 걷어내고 '실수할 수 있는 나'를 인정하고 받아들이는 것이다. 그래야 비극적인 현실을 받아들일 수 있는 힘이 생긴다.

미진 씨는 초등학교 교사인 부모 밑에서 외동딸로 자랐다. 어머니는 늘 1등을 요구했고, 미진 씨는 반잠을 이겨내며 공부했나. 산혹 2등으로 떨어지면 엄마는 체벌과 폭언을 하며 몰아세웠다. 그래서 미진 씨는 자신도 모르는 사이에 완벽주의적 성격을 갖게 됐다. 남편과 살면서도 그 부분에서 계속 갈등이 있었다. 모든 게 정해진 장소에 있어야 했고, 남편도 정해진 시간에 퇴근을 하길 바랐다. 사고가 있던 그날도 미진 씨는 치킨이 먹고 싶다는 딸을 달래서 건강한 간식을 해 먹이기 위해 마트로 가던 중이었다. 사실 미진 씨도 치킨으로 저녁을 때우고 소파에서 편히 TV를 보고 싶었다. 하루 정도 그럴 수도 있었는데 그러면 엄마로서 책임을 다하지 않는 것이라고 생각했다.

미진 씨는 내면 여행을 통해서 엄마에게 폭언을 들으며 체벌을 당하던 어린 자기 자신과 아프게 만나야 했다. 그 고통의 몸부림 후에 스스로에게 "2등을 해도 괜찮아. 완벽하지 않아도 괜찮아. 누구나 실수할 수 있어. 딸의 죽음은 너의 잘못이 아니야"라고 말해줄 수 있게 되었다. 시간이 걸리긴 했지만 자살 충동에서 벗어나 조금씩 현실을 받아들이며 자신의 삶을 살게 됐다.

나를 용서해야 과거에서 자유로워진다

우리는 과거에 일어난 일에 대한 후회를 할 때가 많다. '그때 거기에 투자했으면 지금쯤 돈을 많이 벌었을 텐데……', '그때 다른 남자를 만났으면 이 고생을 하지 않을 텐데……', '그때 그곳에 가지 않았으면 이런 사고가 없었을 텐데……' 등등 많은 사람이 끊임없이 과거에 사로잡혀 살아가고 있다. 과거가 현재를 물귀신처럼 물고 늘어지는 것이다.

크든 작든 과거를 붙잡고 생각하고 또 생각하며 씨름하는 것은 내면이 유약하고 작은 사람들이 하는 행동이다. 이미 상황은 지나갔는데, 과거의 물귀신을 떼어낼 힘이 부족한 것이다. '나는 더 현명하게 행동할 수 있는 똑똑한 사람인데, 그 당시 바보 같은 판단을 해서 이 고통을 당하는 것'이라는 생각에 속고 있는 것이다. 인간은 누구나 원하는 만큼 똑똑하지 못하다. 아무리 똑똑해도 한계가 있다. 앞날을 내다보지도 못한다. 그것을 인정하는 것이 자주 실수하는 우리가 자유를 누리며 사는 길이다. 다시 과거로 간다고 해도 똑같이 행동할 수밖에 없을 나 자신을 용서하고 이해하고 받아들여야 과거를 훌훌 털어버리고 떠나보낼 수 있게 된다.

학벌이 달려서 아무리 해도 안 된다

결혼 10년 차 주부 성희 씨는 명절이나 집안 경조사 때가 되면 스트레스가 심하다. 음식 만드는 일이 힘들어서가 아니다. 손아래 동서 때문이다. 성희 씨는 상업고등학교를 졸업한 후 은행에서 근무하다가 남편을 만나 결혼했다. 그런데 손아래 동서는 유학까지 다녀온 대학 강사다.

"형님, 잡채 할 때 채소는 따로따로 볶는 게 맛있다던데요? 당면도 따로 삶아서 나중에 버무리면 더 맛있대요."

"그래. 나도 그 얘기 전부터 하고 싶었다. 재는 항상 한꺼번에 넣고 볶더라고."

동서가 잡채를 만들고 있는 성희 씨에게 한마디 하자 시어머니도 거들었다. 성희 씨는 화가 났다. '뭐야? 내가 고졸이라고 지금 날 무시하는 거야? 자기가 똑똑하면 얼마나 똑똑하다고? 그깟 유학 다녀온 게 대수인가?'라는 생각이 올라왔다. 잡채와 학벌은 아무 관계가 없는데도 성희 씨는 동서가 무슨 말을 하면 모두 학력과 연결해서 생각했다. 성희 씨는 시어머니도 학벌 좋은 작은며느리를 더 좋아한다고 믿었다.

"동서, 그렇게 맛있게 할 수 있으면 동서가 일찍 와서 한번 해봐. 다 해놓은 다음에 얘기하지 말고."

"아, 형님. 그런 뜻이 아니었는데 기분 나쁘셨다면 죄송해요."

동서의 사과에도 불구하고 성희 씨의 기분은 쉽게 풀리지 않았다. 성희 씨가 기분 나쁜 표정으로 일만 하자 그날 내내 주방 분위기는 싸늘했다.

집으로 돌아오는 차 안에서 말없이 앉아 있는 성희 씨를 보며 남편이 한마디 했다.

"하루 종일 표정이 왜 그래? 무슨 일 있었어?"

"동서가 날 무시하잖아. 유학 좀 다녀왔다고 어찌나 유세를 떠는지."

"그거 당신 자격지심이야. 내가 보기엔 제수씨가 도리어 당신 눈치를 보던데 뭘."

"당신까지 날 무시하는 거야?"

"내가 무시하긴 뭘 무시했다고 그래?"

"말이 났으니 말인데 당신 지난번 부부 동반 모임에 왜 나 안 데리고 갔어? 형민 씨 와이프한테 다 들었어. 당신만 혼자 왔다고. 내가 고졸이라서 창피해서 그런 거야?"

"또 뭔 소리야? 당신이 머리 아프다고 그랬잖아."

"그래도 억지로라도 데리고 갔어야지."

"그거야말로 억지다. 관두자 관둬."

"당신도 좋은 대학 나왔으면 우리가 이 꼴로 살겠어?"

"이 꼴이라니? 우리가 뭐 어때서? 열심히 일해서 월급 꼬박꼬박 가져다주는 사람한테 학벌 얘긴 왜 하는데?"

성희 씨의 세상은 학벌이 좋은 사람과 나쁜 사람으로 나뉘었다. 성희 씨의 열등감은 자녀들에게도 고스란히 내려갔다.

"엄마, 나 학원 한 개 빼줘. 한문 학원은 안 다니면 안 돼? 너무 힘들어."

"무슨 소리야? 지금부터 열심히 해야 좋은 대학 나와서 사람대접을 받고 살지. 잔소리 말고 엄마가 하라는 대로 해. 나중에 너 엄마한테 '고맙습니다' 할 날이 올 거야."

학벌에 대한 열등감은 마치 블랙홀처럼 모든 주제를 빨아들인다. 그러니 자신도 괴롭고 주변 사람들도 피곤하게 만든다. 이런 현상은 자신의 학벌을 받아들일 수 없을 때 생기는 일이다.

성희 씨가 고졸인 자신을 수용하지 못하는 이유는, 고졸 학력을 수용하는 순간 자신이 고졸 인생으로 끝나버릴 것 같은 두려움 때문이다. 그런데 정작 자신의 인생에 치명타를 입히는 것은 고졸 학력이 아니라 고졸 학력을 받아들이지 못하는 자기 자신이다. 고졸 학력이어도 대기업 사장까지 오르고 장인이 되고 사업을 크게 하는 등 대졸자보다 훨씬 성공한 사람들이 많이 있다. 성공을 하지 않았어도 고졸 학력에 열등감을 느끼지 않고 편안하게 사는 사람도 있다. 고졸 학력 자체가 문제가 아니라 자신을 바라보는 성희 씨 자신의 시선이 문제인 것이다.

고졸이라는 게 도무지 마음에 들지 않는다면 그다음 과정을 밟을 수도 있다. 하지만 그보다 먼저 '그래, 내 학력은 고졸이야. 그게 나야. 그런데 그것으로 만족이 되지 않으니 나는 다음 과정을 밟겠어'라는 마음가짐이 필요하다. 그래야 대입 시험을 준비하든, 방송통신대에 도전해보든, 사이버대학 과정을 시작하든 내 인생을 변화시킬 수 있다. 이런 마음의 준비가 되지 않으면, 열심히 노력해서 대학 졸업장을 얻게 된다고 해도 열등감은 여전히 남게 된다. 자신보다 더 좋은 대학을 나오거나 석·박사인 사람 앞에서는 여전히 열등감을 느끼게 되는 것이다.

자신의 현실을 수용하는 것과 어떻게 사느냐는 완전히 다른 이야기이다. 현실은 수용하되, 그다음은 그 사실을 바탕으로 얼마든지 원하는 대로 바꾸어갈 수 있다. 이 차이를 아는 것은 자신의 인생을 주도적으로 사는 데 중요한 자산이 된다.

열등감이 학벌에, 명문가에 집착하게 만든다

한때 유명인들의 박사학위 논문 표절로 떠들썩했던 때가 있다. 표절해서라도 박사학위를 갖고 싶어 하는 마음은 학력에 대한 열등감을 박사학위로 커버하고자 하는 욕구로 인해 생긴다. 거짓으로라도 더 좋아 보이는 자신의 모습을 만들어보려는 거품 현상이다. 특히 우리 사회에서 학력 꼬리표는 평생 붙어 다니는 것이라서 사람들은 어떻게 해서든 더 좋은 학력으로 자신의 스펙을 만들려고 온갖 노력을 한다.

학력에 대한 열등감은 학력이 높으면 성공할 수 있고, 낮으면 불이익을 당한다는 이분법적 사고방식과 차별의식 때문에 생긴다. 우리 사회에는 이런 집단의식이 팽배하기 때문에 학력에 대한 거품 현상 또한 클 수밖에 없다.

만약 작은 키에 열등감이 있다면 작은 사람들이 모인 곳에 가기 싫어진다. '키 큰 사람은 멋지고, 키 작은 사람은 볼품없고 왜소하다'고 생각하니, 키 작은 사람 주위에 가면 자신도 초라해 보일 것 같기 때문이다. 인간에 대한 차별 주제가 발생하는 지점이다. 같은 이유로 못 배운 사람이 못 배운 사람을 더 차별한다. 학력 열등감이 있는 사람은 학식 있고 교양 있는 사람들과 어울리는 것을 즐겨 한다. 만약 못 배운 사람들이 옆에 오면 자기도 그들과 비슷해 보일까 봐 신경 쓰인다. 그래서 하는 행동이 대놓고 차별하는 것이다. 반대로 배운 사람이 못 배운 사람을 차별하는 경우는 학벌이 좋아도 열등감이 있기 때문이다. 열등감이 차별을 만들어내는 것이다.

부족한 존재를 인식하고 자신을 받아들인 사람들은 사회적으로 성공해도 남을 함부로 무시하지 않고, 다른 사람의 실수에도 관대하다. 또한 자신이 아무리 학벌이 좋아도 학벌이 좋지 않거나 지식이 없는 사람을 그 때문에 차별하지 않는다. 아이러니다.

하지만 자기 자신의 열등한 부분을 받아들이지 않는 사람들은 아무리 높은 자리에 올라도 여전히 내면의 문제를 안고 살아가게 된다. 해결되지 않은 상처로부터 불안감, 수치심, 열등감이 꾸준히 올라오기 때문이다. 내면의 열등감이 해결되지 않으니 자꾸만 자신을 학벌이나 경력으로 포장하려고 한다. 그 안에 들어가면 적어도 인위적인 우월감을 통해서 마음의 안정을 얻기 때문이다. 이렇게 해서 만들어진 우월감은 내면을 더욱 병들게 만든다. 강한 사람 앞에서는 비굴해지고, 약한 상대를 만나면 무시하고 함부로 밟아버리는 경향을 만든다. 이런 사람들은 '보이는 나'로 사는 사람이므로, '나답게 사는 나'의 길과는 점점 더 멀어지게 된다.

앞에서 얘기했던 드라마 「스카이 캐슬」의 차민혁 교수도 바로 그런 인물이다. 세탁소집 아들로 사법시험 최연소 합격 후 출세의 길에 들어섰지만, 여전히 자신의 신분에 대한 열등감에서 벗어나지 못한 채 살아간다. 특히 금수저 출신 의사들이 많은 스카이 캐슬 안에서 그의 콤플렉스는 더욱 부각된다. 즉, 주변 환경이 거품 현상을 더욱 부추기는 셈이다.

차민혁 교수 같은 유형의 사람들은 가난하고 실패한 사람들을 무시하고 함부로 대하는 경향이 있다. 겉으로는 그럴싸한 직업 안에 숨어 있지만, 내면에는 아직 해결되지 않은 열등감과 수치심이 남아 있기 때문이다. 그래서 자신과 같은 처지의 사람을 품을 수 있는 마음의 공간이 없다. 도리어 자신과 같은 사람을 만나면 더욱 무시하고 조롱한다. 한서진의 비밀이 밝혀졌을 때, 차민혁이 누구보다 크게 킬킬거리며 조롱한 이유다.

그는 장군으로 전역한 국회의원의 딸과 성공적인 결혼을 하지만, 3선 국회의원에 도전했다가 떨어진 장인 때문에 검사 옷을 벗게 된다. 그 후 출세한 세탁소집 아들이라는 현실을 뛰어넘어 '대대로 명문가'를 이뤄 피라미드의 꼭대기에 이르고 싶어 한다. 그러기 위해선 자녀들의 명문대학 진학이 필수이므로 그는 자녀들을 혹독하게 채찍질한다. 그 결과 두 아들과 아내는 그와 멀어지고, 딸은 가짜 하버드대 학생으로 전락한다. 그의 열등감이 결국 가족의 화목함도, 딸의 인생도 망쳐버린 것이다. 딸의 학력 위조 앞에서 무너지고 절망하는 그의 모습은 예견된 결과였다.

나도 능력을 인정받고 싶다고!

태경 씨는 요즘 회사 다닐 맛이 안 난다. 입사 동기들은 전부 승진을 했는데 자신만 누락됐기 때문이다. 특히 동기인 현수 씨는 1년간 미국 지사로 파견을 나간다고 했다. 직원 대부분이 가고 싶어 하는 자리였다. 동기가 승승장구하는 것을 지켜보는 태경 씨는 자신이 초라하게 느껴졌다. 현수 씨는 술도 잘 마셨다. 회사에서 가장 술을 잘 마신다는 이 부장도 이긴 경력이 있었다. 그런데 태경 씨는 소주 한 잔만 마셔도 얼굴이 벌게지며 정신이 몽롱해졌고, 몇 잔 더 마시면 술주정까지 해서 동료들에게 민폐를 끼쳤다.

태경 씨와 현수 씨는 같은 대학, 같은 학과 동기였다. 그래서 사람들은 농담처럼 "두 사람, 정말 과 동기 맞아?"라고 말하곤 했다. 언제부턴가 태경 씨는 이유를 알 수 없는 배탈이 나곤 했다. 병원에서는 "요즘 스트레스받는 일이 많은가요?"라고 물었다. 태경 씨는 잘나가는 친구 때문에 배가 아파서 그렇다고 차마 말할 수 없었다.

태경 씨에게는 아픈 기억이 있었다. 어린 시절 자신을 귀여워해주던 엄마가 어느 날 동생이 태어나면서부터 태경 씨에게 소홀해졌다. 동생의 돌 기념으로 친척들이 한자리에 모여서 식사를 했다. 사람들은 밥상 위에서 아기가 기어가는 모습을 보며 박수를 치며 즐거워했다. 다섯 살이었던 태경 씨는 자신도 그런 박수를 받고 싶었다. 그래서 탁자 밑을 기어 다니다가 엄마한테 혼이 났다. 태경 씨는 서러움에 엉엉 울고 말았다. 자신을 이상하게 바라보던 친척들의 표정을 생각하면 지금도 얼굴이 화끈거린다. 그 일이 태경 씨에게는 큰 상처로 남았다.

동료와 자신을 비교하면서 열등감을 갖는 것은 직장인들에게 흔한 일이다. 이러한 마음의 문제에서 관건은 동료만큼 승승장구하지 못하는 자신을 받아들이는 태도다. 태경 씨처럼 계속 남과 비교하면서 자신을 초라하게 생각하면 열등감에서 벗어날 길이 없다. 끊임없는 비교는 자신을 나락으로 떨어뜨리고 무기력하게 살아가게 만든다.

오버하는 내가 싫다

현대인들은 누구나 치열한 경쟁 사회에서 살고 있다. 그러다 보니 능력을 비교당할 수밖에 없다. 직장 안에서의 능력은 승진과 결부되는 민

감한 사안이다. 경쟁은 동료 간에만 있는 것도 아니다. 아랫사람의 능력이 출중하면 상사는 불안해진다. 혹시라도 자신을 추월하게 될까 봐 염려스럽다. 그래서 자신의 직위로 누르기도 하고 폄하하거나 모함하기도 한다. 자신의 현실을 받아들이지 못해서 생기는 일종의 거품 부작용 현상이다.

더 능력 있는 사람이 되고 싶은데 실제의 나는 능력이 되질 않으니 열등감과 수치심이 올라온다. 그래서 자신을 윽박지르며 더욱 구석으로 몰아넣는다.

그때 자신의 열등감이 문제임을 제대로 인식하지 못하면, 자신과 경쟁하는 상대가 미워지고 화가 치밀어 오른다. 상대방이 하는 모든 행동이 거슬리고, 상대가 자신을 공격하고 밀어낼 것 같은 공포와 불안에 휩싸이기도 한다. 그러면 점점 우울해지고 의욕이 저하되어 결국 성과는 바닥을 치게 된다.

반대로 어떻게 해서든 인정받기 위해 온통 일 생각만으로 삶을 가득 채울 수도 있다. 하지만 능력에 대한 열등감이 있으니 아무리 노력해도 자신이 원하는 성과를 내기가 힘들다. 몸은 점점 지쳐가고 마음은 삭막하고 피폐해진다. 자신을 받아들이지 못한 대가를 혹독하게 치르는 것이다.

자신의 능력을 있는 그대로 인정하면 오버하지 않고 살 수 있다. 더 능력 있는 것처럼 보이기 위해 자신의 모든 에너지를 불태우지 않아도 되고, 하고 싶지 않은 일을 하며 스스로 비굴하다고 여기는 자기 분열을 겪지 않아도 된다.

열등감은 남들보다 못해 보이는 어떤 부분을 수용할 수 없을 때 생긴다. 그 안에는 그것으로 차별받을까 봐 두려워하는 마음이 들어 있다. 차별받고 싶지 않고, 남들처럼 대우받으며 살고 싶은 마음 때문에 절대로 자신을 수용할 수 없게 되는 것이다. 사실을 수용하는 것과 어떤 삶을 사는가는 다른 이야기이다. 그리고 남보다 부족한 것이 있으면, 그만큼 적은 대우를 받는 것이 공정하다. 프로 스포츠 스타가 높은 연봉을 받는 것이 공정하듯이 말이다. 슈퍼맨같이 모든 것을 잘하는 사람은 잘하는 대로, 몇 가지만 잘하는 사람은 그것대로 각자에게 주어진 몫의 삶을 열심히 사는 것이 나만의 행복을 찾아가는 지름길이다.

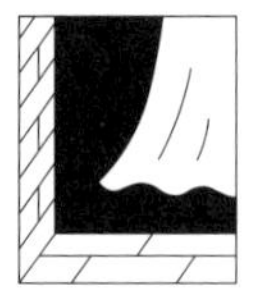

갈등은 견딜 수 없어

지숙 씨는 친구들끼리 어쩌다 갈등이 생기면, 중간에서 그것을 해결하기 위해 많은 에너지를 소모한다. 친구관계에서만 그런 것이 아니다. 직장에서 상사나 동료와 부딪칠 일이 있으면 모든 손해를 감수하고 그 갈등을 피해버린다. 그게 더 맘이 편하기 때문이다. 남자친구와의 관계에서도 마찬가지다.

"우리 결혼에 대해서 진지하게 얘기 좀 하자."

"오빠, 미안해. 내가 요즘 정말 너무 바빠."

"언제까지 이렇게 피할 거야? 너희 부모님을 어떻게든 설득해야 하잖아."

"내가 얘기해볼게."

"그 얘기 한 게 벌써 언젠데? 너, 나랑 헤어지고 싶은 거야?"

"아니야! 오빠 무슨 말을 그렇게 해? 날 아직도 그렇게 몰라?"

"모르겠어. 네가 진짜 무슨 생각을 하고 있는지 모르겠다고. 말을 해야 알지."

결혼 문제 앞에서도 지숙 씨의 소심한 성격이 그대로 드러난다. 부모님은 지숙 씨가 교제하고 있는 남자친구와의 결혼을 반대하는 입장이다. 지숙 씨는 부모님과 부딪칠 것을 생각하면 머리가 아득해진다. 어떻게든 피하고만 싶은 심정이다.

의외로 우리 주변에는 지숙 씨처럼 갈등을 견디지 못하는 사람들이 많다. 현실을 감당하지 못할 것 같으니까 자꾸만 피하고 싶어 하는 사람들이다. 이것은 원가족 안에서의 상처에 기인하는 경우가 많다. 지숙 씨는 어렸을 때 부모님이 부부싸움 하는 것을 보면서 자랐다. 아버지와 어머니가 서로 폭언과 폭행을 하는데, 어린 지숙 씨는 한쪽 구석에서 두려움에 떨며 우는 것밖에 달리 할 수 있는 것이 없었다. 그것이 지숙 씨의 마음속에 깊은 상처를 냈고, 그 상처로부터 수치심과 열등감, 두려움이 생겼다. 그리고 주변에서 갈등의 조짐이 생기면 견디지 못하곤 했다.

지숙 씨는 남자친구와의 갈등도 힘들고, 남자친구를 반대하는 부모와의 갈등도 힘이 든다. 피하고 싶어진다. 어린 시절처럼 다시 혼자 울면서 슬프고 비참해질까 봐 두렵기 때문이다. 그런데 어린 시절 부모의 폭력적인 갈등에서 경험했던 슬프고 비참한 느낌과 지금 경험하는 갈등은 전혀 다른 일이다. 차이를 모르기 때문에 어린 시절의 느낌에 걸려서 지금도 갈등을 회피하고 싶어 하는 것이다. 차이를 알려면 먼저 자신의 어린 시절을 다시 만나고 그때의 불쌍하고 슬프고 비참했던 자신을 보듬어주는 노력이 필요하다. 이러한 노력을 통해서 현재의 남자친구와 겪고 있는 결혼 갈등은 그것과는 다른 것이며, 이제는 어른으로서 이러한 느낌을 해결해나갈 수 있는 사람임을 인식할 필요가 있다.

싸움은 무서워

동현 씨는 아내와 함께 돈가스 전문점을 운영하는 자영업자다. 그런데 얼마 전부터 옆 커피숍에서 쓰레기를 동현 씨 가게 앞에 내어놓았다. 아내는 옆집에 가서 항의를 하라고 하는데 동현 씨는 알았다고만 하고 차일피일 미루고 있었다.

그러던 어느 날 아침, 드디어 사건이 터졌다. 간밤에 옆집에서 버린 쓰레기봉투를 고양이가 물어뜯은 것이다.

"내 언젠가는 이런 날이 올 줄 알았다니까. 빨리 옆집에 가서 치우라고 해요!"

아내의 짜증에 할 수 없이 동현 씨는 옆 가게를 찾아갔다.

"저, 이 집에서 버린 쓰레기봉투를 고양이가 물어뜯어서 엉망이 된 거 보셨지요?"

"네. 그런데 왜요? 지난번에 보니까 아저씨가 고양이들한테 밥을 주던데, 그래서 우리 가게 주변에 고양이가 많은 거 아닌가요? 그걸 왜 저한테 말씀하세요?"

"아, 그런가요……? 그럼 쓰레기는 왜 저희 집 앞에 두는 건지……."

"보시다시피 우리 가게 앞엔 덱(deck)이 있어서 쓰레기 둘 곳이 마땅치 않잖아요. 그리고 거기는 길인데 아저씨네 땅도 아니잖아요. 서로 장사하는 사람들끼리 그 정도는 이해해줘야 하는 거 아닌가요?"

당당한 자세로 나오는 옆집 주인에게 동현 씨는 금방 기가 눌려버렸다. 동현 씨는 더 이상 아무 말도 못 한 채 그 자리를 피하고 말았다. 결국 거리에 나뒹구는 쓰레기는 동현 씨가 치우는 것으로 마무리됐다.

"당신 옆집 여자한테 뭐 빚진 거라도 있어요?"

"무슨 소리야?"

"그런데 왜 그렇게 말을 못 해요? 아무래도 내가 가서 한판 벌여야 할 것 같아!"

"아 참, 그러지 말라니까! 그냥 우리가 좀 참으면 되지."

"난 당신의 그런 소심한 사고방식이 너무 싫어!"

그 일로 아내와 갈등을 빚었지만, 동현 씨는 아내와 싸우는 게 싫어서 며칠 동안 가게에서 쪽잠을 자며 버텼다.

갈등을 회피하는 마음은 '착한 사람 증후군'을 가진 사람의 마음과 조금 다르다. 착한 사람 증후군은 착한 사람처럼 보여서 자신의 열등감을 감추려는 것이지만, 갈등 회피는 갈등 자체를 두려워하는 마음에서 비롯된다.

동현 씨도 그랬다. 목수였던 아버지는 평소에는 점잖고 다정했다. 하지만 일이 없을 때는 술을 마셨고, 그런 날이면 동현 씨네 집은 쑥대밭이 되곤 했다.

"제발 술 좀 그만 마셔요. 남부끄럽게 허구한 날 왜 이래요?"

"시끄러워! 어디서 여자가 재수 없게 말대꾸야?"

어느 날 술을 먹고 행패를 부리던 아버지는 말대꾸를 한다며 어머니한테 폭력을 행사했다. 눈에 띄는 대로 물건을 던지던 아버지는 우산을 집어 들고 어머니를 때리기 시작했다. 보다 못한 중3이었던 형이 아버지를 말리다가 그만 우산살에 눈을 찔리고 말았다. 부랴부랴 병원으로 달려갔지만 형은 결국 실명하고 말았다.

그 후 아버지는 고통스러워하다가 끝내 집을 나가버렸다. 그 상황을 지켜보던 어린 동현 씨는 싸움에 대한 트라우마가 생겼다. 싸우면 누군가 크게 다치게 된다는 두려움이 마음 깊은 곳에 자리 잡았다.

물론 싸우지 않을 수만 있다면 싸우지 않는 것이 좋다. 그런데 동현 씨처럼 두려움에 계속 갈등을 회피하게 되면 자신의 삶을 제대로 살지 못하게 된다. 과거의 불행했던 사건이 동현 씨를 잡아매서 위축되게 만들고, 현실을 있는 그대로 받아들이지 못하게 만드는 것이다.

앞서 말했듯이 감정은 억누르면 언젠가는 터지게 된다. 터질 때까지 끌고 가면 수습하기 힘든 상황이 될 가능성이 높다. 동현 씨는 형이 다치는 장면 앞에서 두려움에 떨던 자신을 받아들여야 한다. 그래야 두려움의 묶임에서 풀려날 수 있다.

부정적인 감정이 올라올 때 그것을 적당히 표현해도 괜찮다는 사실을 인지해야 한다. 그러면 다른 사람들과의 갈등도 회피가 아닌 타협과 조절로 잘 헤쳐나갈 수 있게 될 것이다.

03

있는 그대로의 나를 받아들이면 좋아지는 것들

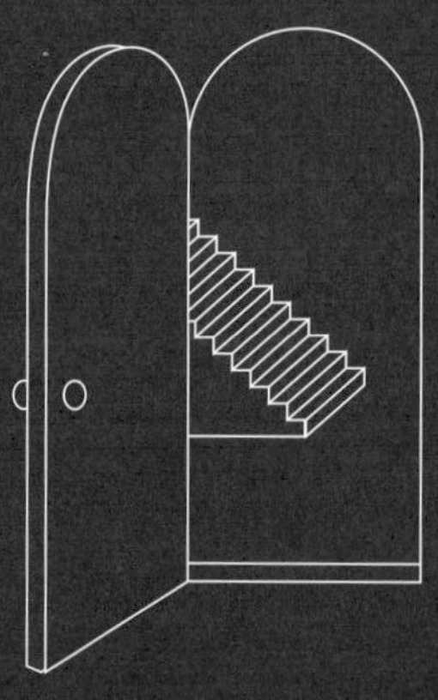

내면의 상처를 직면하는 고통스럽고 힘든 과정을 거치고 자기 자신과 부단히 싸워가면서까지 왜 있는 그대로의 나를 받아들여야 할까? 수용을 하면 어떤 면이 좋아지는지 다뤄보고자 한다.

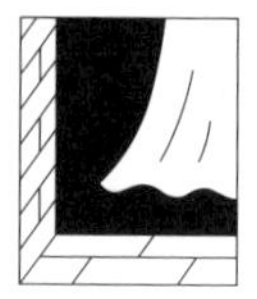

자존감이 높아진다

서른 살 다애 씨는 취직 시험에 여러 번 떨어지고 나서는 아예 취업을 포기한 채 집에 눌러앉아 버렸다. 다행히 부모님이 경제력이 있어서 사는 데는 별로 어려움이 없었다. 다애 씨는 하루 종일 방에 틀어박혀 직접 요리한 간식을 먹으면서 인터넷으로 영화를 보거나 게임, 채팅을 하며 시간을 보냈다. 몸무게가 늘기 시작하더니 어느새 심각한 비만이 되어버렸다. 간혹 친구들의 결혼 소식이나 취업 소식을 들으면 스트레스가 쌓였다. 그러다 부모님이 잔소리라도 하면 다애 씨는 집 안 기물을 부수고 입에 담지 못할 욕을 할 정도로 공격적으로 변했다. 부모님은 다애 씨를 때려보기도 하고 달래보기도 했지만 아무런 소용이 없었다. 점점 더 폐인이 되어가는 다애 씨의 모습에 지친 부모는 정신과를 전전하다가 결국 내 상담실까지 찾아왔다.

"저는 좋은 대학도 안 나왔고, 예쁘지도 않고…… 할 수 있는 게 아무것도 없어요. 하고 싶은 것도 없고요."

다애 씨는 심한 무기력증에 빠져 있었고 자존감이 바닥이었다. 하지만 여러 차례 상담을 진행하면서 점점 자신의 속마음을 보기 시작했다. 다애 씨의 무기력증 속에는 그녀의 상처가 고스란히 담겨 있었다.

"저희 아버지는 교수고 엄마는 고등학교 교사예요. 아버지랑 엄마는 둘 다 명문대를 졸업했어요. 과 커플이었대요. 그런데 저는 엄마 아빠를 안 닮아서 공부를 못했어요. 대학도 이름 없는 지방대를 나왔고요. 상상이 되시죠, 우리 집안 분위기가? 어렸을 때부터 엄마는 '넌 누굴 닮아서 공부를 못하느냐'는 말을 입에 달고 살았어요. 그런데 언니는 저랑 달라서 못하는 게 없었어요. 얼굴도 예쁘고 공부까지 잘했고, 결국 의사가 됐어요. 언니를 바라보는 엄마 아빠의 표정을 보면, 괜히 속이 메슥거려요."

나는 다애 씨가 집안에서 겪어내야 했을 고립감이 느껴져서 마음이 아팠다. 겉으로는 아무렇지도 않은 듯 거칠게 말하는 마음속에 상처받은 어린아이가 쪼그리고 앉아 울고 있는 듯했다.

"엄마가 누굴 닮아서 공부를 못하냐고 말할 때, 어떤 느낌이었어요?"

"그냥 화가 났어요……. 속으로는 '그래, 너 잘났다' 하는 생각이 들었지만 겉으론 말 못 했어요. 나도 처음엔 엄마 맘에 드는 딸이 되고 싶어서 열심히 공부도 해봤어요. 그런데 성적이 통 오르지 않는 거예요. 과외도 받아봤는데 마찬가지였어요. 그때 내가 머리가 진짜 나쁘다는 걸 알았죠. 앞이 까마득하더라고요. 날 닦달하는 엄마가 밉고 때리는 아빠도 밉고 놀리는 언니는 진짜 더 미웠어요……. 그냥 세상에서 사라지고 싶었어요……. 정말 악밖에 안 남더라고요."

다애 씨의 눈가가 촉촉해졌다.

"그런데 내가 뭐 잘못한 게 없잖아요. 머리가 나쁜 게 내 탓이에요? 엄마가 그렇게 낳아놨으면서 나한테 뒤집어씌우는 거잖아요. 정말 화가 나요! 자기들이 잘났으면 얼마나 잘났다고 날 무시하냐고요. 어렸을 때는 어땠는지 아세요? 엄마 아빠가 언니만 데리고 외출할 때가 많았어요. 그러면 나는 혼자 텔레비전을 보면서 할머니가 해주시는 김치찌개를 먹곤 했어요. 어느 날, 외출했던 세 사람이 들어오는데 옷에서 갈비 냄새가 났어요. 내가 좋아하는 갈비를 먹고 들어온 거예요. 그때 갑자기 화가 나서 밥그릇을 벽에 던져버렸어요. 그러자 엄마는 제 따귀를 때리면서 이게 무슨 버릇이냐며 소리쳤어요. 저는 억울해서 발버둥 치면서 울었어요……."

다애 씨는 속에 쌓여 있던 분노와 슬픔을 퍼 올리는 작업을 나와 함께 진행했다. 그리고 가족의 무시 속에서 상처받고 열등감만 남은 무력한 자신을 직면하는 시간을 가졌다. 다애 씨 안에 예쁜 딸로서 부모님께 인정받고 싶은 욕구가 여전히 있는 것도 보게 됐다. 다애 씨에게 고통스럽고 힘겨운 시간이었다.

머리 나빠도 괜찮아!

자존감이 낮은 사람은 어린 시절 상처가 만든 열등감과 연결되어 있는 경우가 많다. 부모에게 충분한 사랑을 받지 못한 그늘진 아이의 내면에는 불안감, 열등감, 수치심 등이 독버섯처럼 자란다. 그런데 우리의 어린 시절 상처는 왜곡된 기억에서 만들어졌을 가능성이 높다. 예를 들어 아버지에게 맞은 기억 때문에 힘들어하는 사람은 매 맞은 기억 하나만 갖고 씨름한다. 아버지가 자신을 위해 새벽부터 밤늦게까지 일하며 애쓴 수고에 대해서는 기억하지 못한다. 분명히 아버지와 놀이동산에도 가고 치킨도 사 먹었던 좋은 기억들이 있을 텐데, 상처받았던 기억에 나머지는 묻혀버리고 만다.

다애 씨도 마찬가지였다. 부모님과 언니가 갈비 냄새를 풍기면서 들어왔던 날은 언니의 진학 상담을 위해 학교 선생님을 만났던 날이었다. 다애 씨가 함께 참석할 만한 자리가 아니었다. 그런데 다애 씨는 그 사실을 부모님이 아무리 얘기해줘도 받아들이지 못했다.

다애 씨는 언니만큼 공부를 잘하지 못하고 지방대학을 나온 살찐 자신의 현실도 받아들이지 못했다. 똑똑하고 날씬한 다애 씨는 현실에 없는데, 다애 씨는 무의식중에 그런 사람이 되어야 한다고 생각하며 그렇지 못한 자신을 한심하게 생각하고 있었다. 그런 열등감이 공격성으로 변해서 집 안 기물을 파괴하는 모습으로 나타난 것이다.

다애 씨는 나와의 상담을 통해 자기 마음속에 품고 있던 똑똑하고 날씬한 다애 씨를 포기하는 시간을 가졌다. 대신 공부도 못하고 뚱뚱한 다애 씨를 인정했다. 그리고 곧이어 '별 볼 일 없는 학벌에 뚱뚱한' 다애 씨에서 '요리를 잘하는' 다애 씨로 자신에 대한 개념을 바꾸었다. 실제로 다애 씨는 요리하는 것을 좋아했고, 요리를 해서 내놓으면 누구나 맛있다고 칭찬을 했다. 단지 부모님만 다애 씨의 그런 장점을 귀하게 볼 수 있는 눈이 없었을 뿐이다. 이후 부모님과의 상담도 이루어졌다. 나는 다애 씨의 부모님에게 지금 다애 씨가 겪고 있는 상황을 잘 설명했고, 다애 씨를 향한 전폭적인 인정과 사랑이 필요함을 강조했다.

다애 씨는 상담 이후 요리학원과 제빵학원에 다니기 시작했다. 그리고 지금은 자신만의 빵을 만들며 제과점을 운영하고 있다.

현실을 부정하고 '이상적인 나'에 매달려 그렇게 되고자 하는 것은 자신을 부풀리는 행동이다. 나는 그런 멋진 사람이 되어야 마땅한데, 뭔가 잘못되어서 그렇게 되지 못했다는 메시지를 스스로 주는 것이다. 이런 거품을 극복하고 현실의 나를 받아들이면, 비로소 내면의 자신과 연결된다. 늘 남이 나를 어떻게 생각할까 염려하며 주변만 보던 시선이 자신에게로 돌려지며 그동안 돌아보지 못했던 내면과 소통이 시작되는 것이다. 자신과 연결되면 담대해진다. '그래. 내가 지금 남들의 기준에는 못 미치지만, 그게 나야. 그래도 괜찮아'가 된다. 자존감이 높아진다. 그래서 내면의 자신과 연결되어 살아가는 것은 우리에게 매우 중요한 주제다. 그와 관련해서 다른 사례를 하나 더 소개할까 한다.

너의 시선보다 내가 더 중요해

30대 직장인인 윤정 씨는 최근에 학원에서 영어 회화를 배우기 시작했다. 어느 정도 서로가 친해지자 수업이 끝나면 마음이 맞는 수강생끼리 어울려 같이 식사를 할 때가 많았다. 어느 날 아예 매월 회비를 모으자는 얘기가 나왔고, 회비를 관리할 총무로 윤정 씨가 뽑혔다. 윤정 씨는 사람들이 자신을 인정해주는 것 같아서 기분이 좋았다.

며칠 후 윤정 씨는 단체 카톡방에서 총무로서 첫 공지 사항을 올리게 됐다. 다음에 식사할 장소와 시간이었는데, 윤정 씨는 그만 장소를 잘못 써서 올려버렸다. 같은 동네에 비슷한 상호를 가진 가게가 있어서 헷갈린 것이다. 처음엔 B 장소로 공지했다가 뒤늦게 A 장소로 변경을 했는데, 다시 확인해보니 B가 맞았다. B가 맞는다고 다시 공지를 올리려고 하니 창피한 생각이 들었다.

'어휴, 난 왜 이렇게 바보 같을까? 좀 더 확인해보고 올릴걸. 사람들이 날 뭐라고 할까? 장소 하나도 제대로 확인 못 하는 덤벙이로 알겠지? 사람들이 내가 똑똑한 것 같아서 총무를 하라고 한 건데, 이렇게 바보처럼 행동한 걸 알면 실망하겠지? 어휴, 괜히 총무를 맡아서 본색이 들통났네. 그냥 못 한다고 하고 가만히 있을걸. 학원을 관둬버릴까? 휴, 사서 고생이다.'

마음이 금세 복잡해졌다.

'야근하느라 바빠서 정신이 없었다고 할까? 그럼 내가 멍청해서 실수

한 게 아니라 바빠서 그런 게 되는 거잖아.'

윤정 씨는 이렇게 거짓말을 할까도 생각해보았다. 하지만 곧 그만뒀다.

'그래. 덤벙대고 꼼꼼하지 못한 게 내 성격인데 뭐. 괜히 내가 철두철미한 척하는 것도 웃겨. 이게 난데 뭘 어쩌겠어? 이런 내가 맘에 안 들면 다른 총무 뽑으라고 하면 되지. 총무 일이 뭐라고 거짓말까지 하면서 해야 하지? 나는 그냥 덤벙이 김윤정으로 살면 되는 거야.'

마음이 다시 편안해졌다.

윤정 씨처럼 자신의 한계를 인정하고 받아들이면, 즉 덤벙대고 꼼꼼하지 못한 '현실의 나'를 받아들이면, 자신의 내면과 연결이 끊어지지 않는다. 그래서 어떤 상황 속에서도 자신을 잃어버리지 않고 살 수 있다. 외부 상황이나 남들이 인정해주는 내 이미지보다 나를 더 사랑할 수 있게 되는 것이다. 스스로를 위하고 존중해주면 자존감이 높아진다. 자존감이 높아지면 외부로부터 부정적인 공격이나 자극이 와도 나를 보호하고 상처를 덜 받게 된다. 삶이 선순환 구조로 돌아가는 것이다.

자기 자신의 약함과 불완전함을 인정하고 수용하고 나면, 실수를 해도 조바심이 나지 않고 '그래, 실수했어. 실수해도 괜찮아'라고 할 수 있는 여유가 생긴다. '멍청하게 왜 그런 실수를 했을까?'라는 자기 비난도 없어진다. 그러니 남들이 나를 어떻게 생각할지에 대해서 별로 신경 쓰지 않게 된다. 내가 실수한 것이 나 스스로 충분히 납득이 되기 때문에 괴롭지 않다. 그만큼 마음의 평안이 찾아오는 것이다. 이러한 평안함은 자신을 귀하게 여기는 마음에서 온다. 자존감이란 자신을 귀하게 여기는 마음이다. 인간은 어떤 현실에 처해 있든 간에 귀한 존재다. 사람을 쓸모가 있고 이득을 내는 도구로 생각하게 되면, 자존감은 낮아진다. 그러나 인간 자체는 너무도 귀한 존재다. 한 생명이 천하보다 귀하다. 자존감 높은 사람들은 자신이 처한 현실과 자신을 구분할 줄 안다. '현실은 어렵고 힘들지만, 이러한 현실을 살아가는 나 자신은 귀하다'라는 사실을 구분해서 인식하고 이를 받아들이는 노력을 하게 되면, 자존감이 높아진다. 자존감이 높은 사람들은 자신의 현실을 비관하지 않고 수용하면서 살아가는 능력을 키운다.

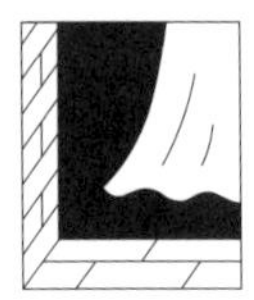

의견을 적절하게 말하며 살 수 있다

"오빠, 우리 오늘 뭐 할까?"

"난 다 좋아."

"음, 영화 볼까? 아니면 연극 보러 갈까?"

"둘 다 괜찮아."

"아, 배고파. 우선 밥부터 먹고 생각해보자. 오빠, 뭐 먹고 싶어?"

"아무거나."

"그래도 뭘 말해야 알지. 중식, 한식, 양식 대충 이런 거라도 말해봐."

"난 다 좋으니까 네가 알아서 정해."

"짜증 나! 오빤 늘 이런 식이야. 혹시 마음이 식은 거 아냐? 나를 사랑하긴 하는 거야?"

"무슨 소리야? 난 괜찮아서 괜찮다고 한 것뿐이야."

승현 씨는 자신의 의견을 제대로 말하지 않는 버릇이 있다. 그 문제 때문에 승현 씨를 떠난 여자친구도 있다. 회사에서도 마찬가지다. 상사가 시키는 일은 성실하게 잘하는데 자신이 프로젝트를 맡아서 하게 되면 결정을 제때에 하지 못해 질책을 당하는 경우가 많았다. 왜 이런 결정장애가 있는지 스스로도 알 수가 없었다.

승현 씨는 좋은 대학을 졸업해서 중견기업에 취직했다. 그런데 대학을 선택할 때는 부모님이, 직장을 선택할 때는 선배와 친구들이 도움을 주었다.

승현 씨는 나와의 첫 만남에서 심드렁한 표정으로 말했다.

"여자친구가 상담을 안 받으면 헤어지겠다고 해서 할 수 없이 오긴 했는데, 왜 제가 여기에 앉아 있어야 하는지 잘 모르겠어요."

"하하. 그러셨군요. 저도 왜 오셨는지 궁금하네요."

승현 씨와의 상담은 생각보다 어려웠다. 무의식중에 스스로를 여러 겹으로 싸매고 있었기 때문에, 그것을 열기까지 시간이 걸렸다. 여러 차례 상담을 통해 승현 씨에게 왜 결정장애가 생겼는지 그 원인을 찾을 수 있었다.

초등학교 4학년 때의 일이었다. 승현 씨네 가족은 휴가를 떠날 준비를 하고 있었다. 아버지와 어머니는 산과 계곡으로 가고 싶어 하셨다. 하지만 승현 씨는 바다로 가고 싶다고 떼를 썼다. 결국 승현 씨의 고집대로 바다로 향했다. 그런데 바다에서 고무 튜브를 타고 놀던 승현 씨는 자기도 모르는 사이에 깊은 바다 쪽으로 흘러가게 됐고, 마침 튜브의 바람이 빠지는 바람에 위기에 처했다. 뒤늦게 그것을 안 아버지가 뛰어들어 승현 씨는 가까스로 목숨을 구했지만, 아버지는 결국 심장마비로 돌아가시고 말았다.

승현 씨는 오랫동안 아버지가 자신 때문에 돌아가셨다는 생각으로 괴로워했다. 그리고 언제부터인가 그 고통스러운 기억을 깊은 곳에 묻어둔 채 외면하기 시작했다. 그런데 그 이후부터 승현 씨는 무언가 결정을 해야 할 때면 머릿속이 하얗게 되면서 아무런 생각이 나지 않았다. 무의식중에 결정을 거부하는 것이다. 반드시 결정을 해야 할 순간이 오면 기권을 하면서 아예 그 자리를 피해버렸다. 자신이 선택한 것이 잘못됐을 때 치러야 했던 대가가 너무도 혹독했기에, 일종의 방어막을 치는 것이었다. 승현 씨의 결정장애는 실수하지 않으려는 애절한 몸부림이었다.

나와 상담하면서 승현 씨는 아버지의 죽음 앞에서 무기력했던 자신을 받아들이고 용서하는 과정을 밟았다. 그 과정 중에 기진할 정도로 울기도 했고 소리를 지르기도 했다. 그렇게 자신의 억눌린 감정을 발산하고 나서, 자신의 내면에서 두려움과 자책감에 빠져 웅크린 채 떨고 있는 어린 자신을 안아주고 위로하는 시간을 가졌다. 그리고 아버지가 돌아가신 것은 자신의 잘못이 아니라고 스스로에게 말해주었다. 바다가 아닌 산과 계곡에 갔었더라면, 그때 승현 씨가 그렇게 하자고 했더라면 좋았을 테지만, 우리는 미래를 알 수 없어 잘못된 선택을 할 수도 있다. 그것을 인정하는 것이 자신을 수용하는 것이다.

이런 모든 과정을 겪고 난 후에 승현 씨와 여자친구는 서로를 깊이 이해하는 사이가 됐다. 여자친구로부터의 전적인 수용경험을 한 승현 씨는 변화되기 시작했다. 걸음마를 시작하듯 무언가를 선택하는 시도를 하고, 그 선택이 잘못돼도 괜찮다는 마음을 먹을 수 있었다. 실수하는 자신을 수용하며 살 수 있게 된 것이다.

자신의 의견을 표현하지 못하는 사람들

우리 주변에는 자신의 의사를 명확하게 표현하지 못하는 사람들이 적지 않다. 애매한 회색지대에 남고 싶어 하는 사람들이다. "좋은지 싫은지 분명히 말해보세요"라고 하면 "글쎄요……, 꼭 싫은 건 아니지만……"이라면서 말끝을 흐린다. 그 원인은 여러 가지가 있을 수 있다.

첫째는 자신감이 부족해서다. 자신감의 결여는 자기 자신의 생각이나 느낌에 대한 확신 부족에서 비롯된다. 예를 들면 사람들은 다른 사람이 자신에 대해서 부당한 대우를 하면 화를 내는 정서적 반응을 하게 된다. 하지만 자신감이 결여된 사람은 그런 상황에서도 화가 나는 감정을 신뢰하지 못하고 의심하게 된다. '다른 사람들은 괜찮은데 나만 화가 나나?', '화가 나면 뭔가 잘못된 것 아니야?'라는 식의 생각을 하게 된다. 그래서 화난 감정을 표현할 때도 "꼭 화가 났다기보다는 기분이 좀 그렇다는 거지요"라고 흐리멍덩하게 표현한다. 그러니 상대방은 화가 났다는 건지 아니라는 건지 헷갈린다.

둘째는 '착한 사람 증후군' 때문이다. 이것은 나를 억압하고 희생해 가면서까지 다른 사람에게 착한 사람으로 보이고 싶어 하는 잘못된 욕구다. 이 내용은 다음에 자세히 설명하겠다.

세 번째는 사회적으로 길들여진 인식의 습관이다. '모난 돌이 정 맞는다'는 속담처럼 괜히 나섰다가 불이익을 받을까 봐 남의 눈치를 살피며 주춤하는 것이다. 우리나라는 여러 번 힘들고 어려운 시기를 경험했다. 밖으로는 강대국의 눈치를 보면서 살았고, 안에서는 힘없는 양민이 권력자에게 불이익을 당하거나 심지어는 죽임을 당하기도 했다. 이런 분위기 때문에 우리는 자신의 생각을 분명하고 확실하게 표현하지 못하는 사회적 습관을 갖게 됐다.

이 세 가지 원인 밑에 공통적으로 깔려 있는 감정은 불안과 두려움이다. 의견을 말한 뒤에 감당해야 할 대가가 두려운 것이다. 예를 들어 어떤 의견에 대해 반대를 하게 되면, 상대방의 적수가 되거나 왕따를 당할 위험을 감수해야 한다. 혹은 그 결과에 대한 책임을 져야 할 수도 있다. 많은 사람들이 그런 위험을 부담하기도, 대가를 치르기도 싫어한다.

자기를 수용하게 되면, 자신이 선택한 결과에 대한 대가를 받아들이기가 상대적으로 수월해진다. 설령 실수로 잘못된 판단을 했다고 해도 그런 결정을 한 부족한 자신을 인정하고 받아들일 수 있기 때문이다. 결과를 받아들일 힘이 있으면 그만큼 두려움은 사라지고 자신이 옳다고 믿는 바를 표현할 용기가 생긴다. 다른 사람들과의 관계에서는 고려와 배려를 통해서 자신을 적절하게 표현할 수 있는 유연성을 갖게 된다. 이러한 유연성은 자신의 의견을 상황과 관계없이 무조건 말하는 무모함이 아닌, 상황에 맞는 표현을 하는 사람으로 만들어준다. 자기수용을 하면 자신이 모든 것을 책임지려는 과대한 자기에서 벗어나 자신의 것만을 책임지는 사람으로 변모한다. 결정장애를 가지고 있는 승현 씨는 자신이 결정을 하면 모든 것을 책임져야 한다는 마음 때문에 결정을 미루거나 제대로 결정을 하지 못했다. 그러나 자기수용이 되면 자신이 할 수 있는 만큼만 표현을 하면 된다. 결정장애인 사람들의 마음속에는 과대한 자기가 들어 있다. 자신이 처한 현실에 기반한 자기가 아니라 자신이 원하는 만큼 살려고 하는 웅대한 자기를 마음속에 가지고 있다. 자기수용은 이러한 과대하고 웅대한 자기를 버리고 자신이 할 수 있는 만큼 자신을 표현할 수 있도록 만들어준다. 할 수 있을 때와 할 수 있는 것을 구분하는 지혜를 갖게 된다.

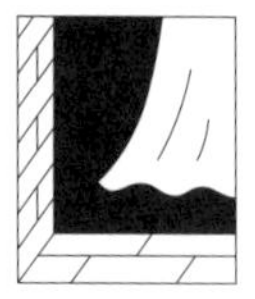

약점이 장점이 된다

성민 씨는 다니던 중소기업이 대기업과 합병되면서 하루아침에 대기업 직원이 되었다. 속사정을 모르는 지인들은 축하 인사를 전했지만, 성민 씨에게는 매 순간이 혼란과 위기의 연속이었다. 합병 과정에서는 과연 누가 살아남을 것인가가 초미의 관심거리였다. 모두들 숨도 못 쉬고 애간장을 태우며 지냈다. 많은 동료들이 구조조정된 가운데 성민 씨는 구사일생으로 살아남았다. 그 기쁨도 잠시, 대기업에서의 하루하루는 살얼음판 같았다. 이전 회사에서는 자신이 능력 있는 사람으로 인정받았는데, 이제는 말단 직원보다도 능력이 부족한 것처럼 느껴졌다. 게다가 성민 씨보다 좋은 대학을 졸업한 인재들이 수두룩했다. 그래서일까? 아무리 열심히 일해도 성과가 제대로 나지 않았고, 계속 상사와 동료들의 눈치만 보게 됐다. 아니나 다를까, 성민 씨는 승진 시험에서 번번이 누락됐다. 성민 씨는 점점 말수가 적어지고 침울해졌다. '이러다가 잘리는 거 아냐?'라는 불안감에 잠을 제대로 잘 수가 없었다. 위축된 속마음을 어디에서도 내보일 수 없었기에 고민은 깊어만 갔다. 얼마 후 성민 씨는 심한 복통을 느껴서 병원을 찾았다. 그러나 의사는 아무런 이상을 발견할 수 없다고 했다. CT 촬영으로는 성이 차지 않아서 MRI까지 찍어봤지만 복통의 원인은 끝내 밝혀지지 않았다. 겨우 '신경성'이라는 소견만 들었을 뿐이다. 그 후에도 복통은 쉽게 가라앉지 않았고, 결국 성민 씨는 상담실까지 오게 됐다.

나는 잔뜩 긴장한 채 앉아 있는 성민 씨를 최대한 편안하게 해주려고 노력했다. 지금 성민 씨의 몸은 자신을 돌봐달라고 구조 요청을 하고 있는 중이었다. 성민 씨는 열등감에 사로잡혀 있었다. 그 열등감은 하루아침에 갑자기 나온 것은 아니었다. 모습을 드러내지 않았지만, 그동안 성민 씨 내면에 숨어 있다가 머리를 쳐든 것이다.

성민 씨 부모님은 시골에서 농사를 짓고 있었다. 성민 씨가 중학교 3학년 때 어머니는 성민 씨를 서울에 있는 외갓집으로 보냈다. 시골에서는 제대로 된 학원을 찾기 어려워 서울에서 공부를 시키려고 작정을 한 것이다. 성민 씨는 외할머니의 보살핌을 받으며 고등학교에 진학했다. 그 후 남동생도 올라왔다. 외할머니는 두 손자를 보살피느라 힘드셨는지 자주 한숨을 쉬며 불평을 쏟아놓았다.

"자기 자식들 자기가 키우지, 왜 다 늙은 어미한테 이 고생을 시키는지……."

성민 씨는 외할머니의 혼잣말을 들을 때면 좌불안석이 되어 마음이 불안해졌다. 눈치가 없는 동생은 외할머니한테 용돈을 달라고 떼를 쓰기도 했다. 그러면 외할머니는 네 아버지한테 달라고 하라며 소리를 질렀다. 성민 씨는 어떻게든 외할머니 눈에 들기 위해 공부도 열심히 했고, 집에 오면 설거지를 하고 집 안 청소도 했다. 외할머니 집에는 가끔씩 이모가 사촌동생을 데리고 놀러 왔다. 사업을 크게 하는 이모부는 해외 출장이 잦았다. 외할머니는 늘 비싼 선물을 사 들고 오는 이모를 버선발로 달려 나가 맞이하곤 했다. 성민 씨는 근사한 옷을 입고 외할머니에게 사랑을 받는 사촌동생이 한없이 부러웠다. 어느 날 이모네 식구와 식사를 마친 외할머니가 성민 씨에게 설거지를 시켰다. 성민 씨는 창피함과 비굴함을 느꼈다.

"엄마, 성민이 형은 왜 설거지해?"

"저렇게라도 밥값을 해야지. 너하곤 상관없는 일이니까 신경 쓰지 마. 언니 진짜 너무한 거 아니야? 애를 둘씩이나 데려다 놓고 뭐 어쩌자는 거야? 자기가 농사를 포기하고 올라오든가."

"내 말이 그 말이다."

사촌동생과 이모, 외할머니가 하는 말을 들으며 성민 씨는 울지 않으려고 이를 악물었다. 자신이 마치 잘못 배달된 짐짝 같았다. 그 후 대학에 진학한 성민 씨는 기숙사에서 생활하면서 마음속 지옥 같던 외할머니 집을 벗어날 수 있었다.

인간은 누구나 흔들리는 존재

성민 씨는 나의 상담실에서 외할머니 집에서 눈칫밥을 먹으며 지낸 아픈 시간들을 직면했다. 자신을 외할머니 댁에 보낸 무능한 부모님에 대한 원망이 터져 나왔다. 그러고 나서는 이전 회사의 사장이 회사 운영을 제대로 못 해서 결국 대기업에 합병됐다면서 사장에 대한 원망도 토해냈다. 힘든 자신을 위로해주지 않는 아내와 자녀들에 대한 분노도 터뜨렸다. 그런데 정작 성민 씨는 분노에 싸여 있는 자신을 있는 그대로 받아들일 수 없었다.

성민 씨의 불안은 하청업체 출신인 자신이 회사에서 권고퇴직을 당하면 어떡하나 하는 것이었다. 아무리 노력해도 하청업체 출신 딱지를 뗄 수 없었다. 그는 열등감을 숨기기 위해 동료들과 상사에게 비위를 맞추며 친절하게 굴었다. 그럴 때마다 한편으로는 비굴함을 느꼈다. 성민 씨 속에는 두 사람이 있었다. 꼭 그렇게 비굴하게 굴어야 하느냐고 비웃는 자신과, 이렇게라도 해야 살아남는다고 항변하는 자신이 있었다. 그렇게 두 명의 자신이 내면에서 싸우다가 결국 몸이 고장 난 것이다.

나는 성민 씨 내면의 두 사람이 화해를 하도록 도왔다. 회사에서 불안함을 느끼고 주변의 눈치를 보는 것은 결국 실패하고 싶지 않아서이다. 나는 성민 씨가 인간은 누구나 흔들리고 불안정한 존재임을 깨닫도록 도왔다. 그리고 현실은 상상만큼 공포스러운 것이 아님을 깨닫게 해주었다. 그런 다음 스스로에게 회사를 그만둬도 괜찮다고 말해주도록 했다.

다음은 비록 하청업체 출신이지만 그 바늘귀 같은 경쟁을 뚫고 살아남을 만큼 성민 씨의 능력이 월등했다는 점을 부각했다. 그러자 성민 씨는 자신에 대한 개념을 '하청업체 직원'에서 '끝까지 살아남은 직원'으로 새롭게 정리할 수 있었다.

관점 하나가 바뀌자 자존감이 살아났다. 그러자 자신감도 덩달아 살아났다. 회사에서 일하는 태도가 달라졌다. 더 이상 다른 사람들의 눈치를 보지 않고 일에만 집중할 수 있었다. 사실 다른 직원들은 성민 씨가 하청업체 출신이라는 것에 대해서 관심도 없었다. 오직 열등감이 있는 성민 씨 혼자만 의식했을 뿐이다. 일에만 열중하자 실적도 눈에 띄게 좋아졌다. 그렇게 괴롭히던 복통도 거짓말처럼 사라졌다.

나를 수용하지 못하면 나에게 생기는 모든 실패나 고통의 원인을 상대방이나 외부 탓으로 돌리면서 비난하게 된다. 자신이 명문대학에 들어가지 못한 원인을 더 열심히 공부하지 않아서가 아니라 부모의 경제적 무능력 때문이라고 생각하면, 본인뿐만 아니라 주변 가족들까지도 불행해진다. 자신이 승진하지 못한 이유가 회사의 불합리한 인사 정책이나 부조리 때문이라고 생각하는 한, 능력을 인정받을 가능성도 그만큼 적어진다. 외모나 성격도 마찬가지다. 부모에게 물려받은 것들에 대해서 불평하고 탓을 하면, 인생에서 어떤 답도 찾기 힘들어진다.

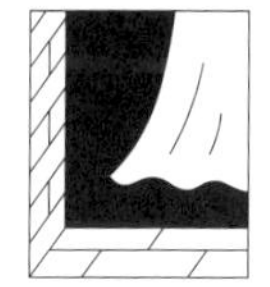

사람들과 잘 지낸다

승대 씨 부부는 이혼을 앞두고 나를 찾아왔다. 승대 씨의 완벽주의적인 성격 때문에 부부싸움이 잦았는데, 결국 이혼 직전까지 오게 된 것이다. 승대 씨는 아내에게 엑셀 프로그램을 이용해서 가계부를 쓰도록 요구했다. 아내는 통장에 찍히는 체크카드 내역을 보면 돈을 어디에 썼는지 다 알 수 있는데 왜 번거롭게 헛일을 시키느냐면서 버텼고, 승대 씨는 이를 수용하지 못했다.

"남편과 같이 있으면 숨이 막혀서 죽을 것 같아요."

아내가 나에게 토로한 말이다.

"남편이 집에서만 그러고 밖에 나가면 너무 좋은 사람인 척한다는 게 정말 더 미치고 팔짝 뛸 노릇이에요."

나는 먼저 승대 씨와 상담을 시작했다.

"아니, 정확한 성격이 왜 나쁜 겁니까? 하루 종일 죽어라 일해서 가족을 먹여 살리는데, 마누라한테 가계부 좀 쓰라고 한 게 무리한 요구입니까? 가장이 그 정도 요구도 못 합니까?"

승대 씨는 원가족과도 사이가 좋지 않았다. 새어머니는 뇌 질환으로 쓰러진 후 요양원에 계셨다. 승대 씨는 새어머니를 싫어했지만, 자식의 도리를 다하기 위해 정한 날짜에 정확하게 새어머니를 찾아갔다. 하지만 새어머니의 친아들인 동생은 약속 날짜에 안 올 때가 많았다. 결국 그 일로 동생과 크게 다퉜고, 둘은 몇 달 동안 말을 하지 않고 지내는 중이었다. 새어머니 간호를 게을리한다며 아버지한테까지 잔소리를 했다가 아버지와의 사이도 소원해졌다. 온 가족이 안 그래도 아픈 새어머니 때문에 힘든데 승대 씨의 간섭과 통제 때문에 더 힘들어했다.

자녀들과의 관계도 예외는 아니었다. 승대 씨는 중3인 딸이 학원을 빼먹거나 제시간에 집에 오지 않으면 불호령을 내렸다. 자녀가 비싼 돈을 내고 아이돌 콘서트에 가는 것도 절대로 이해하지 못했다. 그럴수록 자녀들은 점점 아빠를 멀리했다. 자식들에게조차 인정받지 못하는 아빠가 됐다. 회사에서는 빈틈없이 일을 잘 처리해서 부장의 자리까지 순조롭게 오를 수 있었다. 그런데 작은 실수조차 용납하지 않는 성격 때문에 부하 직원들의 고충이 이만저만이 아니었다. 일에 한번 빠지면 늦게까지 야근을 하다 보니 부하 직원들이 퇴근을 못 한 채 같이 남는 경우도 허다했다. 승대 씨는 '꼰대 상사'로 악명이 자자했다. 당연히 주변에 따르는 사람이 거의 없었다. 그저 마지못해 형식적으로 상사 대접을 할 뿐이었다.

승대 씨는 자신의 마음을 몰라주는 주변 사람들에게 늘 서운하고 답답했지만, 주변 사람들은 고슴도치처럼 날을 세우고 사는 승대 씨의 가시에 찔릴까 봐 점점 멀어져갔다. 승대 씨는 상담을 통해 자신이 왜 이렇게 완벽을 추구하는지, 그 원인을 파헤쳐 내려가게 되었다.

승대 씨가 어렸을 때 친엄마는 아버지와 헤어지며 집을 떠났다. 그런데 아버지가 일터로 나가면 새엄마는 사사건건 승대 씨에게 폭력을 휘둘렀다. 밥을 깨끗하게 먹지 않는다고 빗자루로 때렸고, 옷의 단추가 떨어졌다고 바가지에 든 오물을 끼얹기도 했다. 승대 씨는 새엄마에게 트집을 잡히지 않기 위해 늘 긴장 상태로 살다가 자신도 모르는 사이에 완벽주의자로 변했다. 뒤늦게 새엄마의 학대를 안 아버지는 새엄마와 크게 싸웠고, 그 이후 승대 씨를 고모 집으로 보냈다.

새엄마에 대한 분노를 터뜨리며 승대 씨는 책상을 손으로 치며 통곡을 했다. 힘없이 맞을 수밖에 없었던 자신이 불쌍해서 울었고, 그런 새엄마에게 한 번도 반항하지 못한 게 억울하고 분해서 울었다.

승대 씨가 요양원에 있는 새엄마 문병을 다니는 것은 '착한 사람 증후군' 때문이다. 그러지 않으면 스스로 견딜 수 없기 때문이다. 승대 씨는 요양원에서 새엄마의 목을 조르고 싶은 충동을 느낀 적이 있다고 고백했다. 자존심이 강한 승대 씨는 어린 시절 새엄마에게 맞은 사실을 아내에게조차 말하지 못했다.

분노와 억울함, 그리고 서글펐던 감정을 퍼내고 나자, 승대 씨는 초라하고 나약했던 어린 시절의 자신을 만나면서 당황스러워 어쩔 줄 몰라 했다. 승대 씨는 지금까지 이런 모습을 감추기 위해서 완벽주의적인 성격을 발달시켰다. 다른 사람들로부터 허점을 잡히거나 싫은 소리를 듣지 않기 위해서 몸을 사리지 않고 열심히 일했다. 그리고 주변 사람들이 실수하거나 허술하게 일 처리를 하는 꼴을 못 보는 사람으로 자신을 포장했다. 이제 그는 더 이상 이런 포장을 할 수 없게 됐다. 분노와 억울함, 그리고 서럽고 서글펐던 감정이 빠져나가면서 포장의 동력이 사라졌기 때문이다. 대신 그는 보잘것없고 초라하게 느껴지는 진짜 자신을 만나게 됐다.

승대 씨는 이제 자신에 대한 시선을 바꿔야만 한다. 자신을 작고 초라하게 만드는 완벽주의적인 입장을 내려놓고, 인간은 누구나 실수할 수 있고 부족한 존재임을 받아들여야 한다. 그런데 승대 씨는 지금까지 이러한 인간의 본래 모습을 생각해본 적이 없었다. 새엄마에게 혼나고 지적당하고 무시당하면서 실수할 수 없는 인간으로 자랐기 때문이다. 실수를 하는 것은 새엄마로부터 공격당할 근거를 제공하는 것이었다. 이제 승대 씨는 달라진 환경 속에서 자신의 본래 모습을 되찾는 노력이 필요했다.

승대 씨는 상담을 통해서 인간의 본성을 새롭게 이해하게 됐다. 자신의 모습 자체를 수용하게 되었다. 그리고 자신의 약한 모습을 스스로 안아주었다. 자기수용의 과정을 차근차근 밟아나갔다. 이후 승대 씨는 완벽하다고 믿었던 자신에 대한 잘못된 자신감도 수정했다. 그 완벽함이 초라하고 나약한 자신을 감추기 위한 도구였음을 깨닫게 됐기 때문이다. 그러자 아내를 바라보는 시각이 달라졌다. 게으르고 한심해 보였던 아내가 살림 잘하는 인간적인 아내로 보이기 시작했다.

승대 씨는 상담 이후 아내에게 그동안 말하지 못했던 자신의 속 이야기를 모두 털어놓았다. 뒤늦게 승대 씨의 아픔을 알게 된 아내는 남편을 안고 울었다. 승대 씨가 부드럽게 바뀌면서 대인관계도 자연스럽게 변화하기 시작했다. 무능력하게 보였던 부하 직원이 자신 같은 상사를 만나 고생하는 직원으로 보였다. 그렇게 생각이 바뀌자 부하 직원을 이해하고 감싸줄 수 있게 됐고, 부하 직원들을 위해 일찍 퇴근하는 날도 잦아졌다. 승대 씨 마음이 편안해지고 나니 주변 사람들도 살 만해졌다.

너도, 나도 '그럴 수 있다'

나와 상담을 한 대부분의 내담자들은 자신을 받아들인 이후 하나같이 비슷한 고백을 한다. 자신이 달라지니 다른 사람들에 대해서 거슬리는 마음이 확연하게 줄었다는 경험담이다. 자신을 용납하고 나면 다른 사람들을 용납하는 마음이 생기고 관계가 좋아지는 것은 당연한 이치다.

사례에 나온 많은 내담자들 역시 상담을 받기 전에는 가족 혹은 주변인들과의 관계가 늘 삐걱거렸다. 그런데 상담을 통해 자기 내면의 상처를 직면하고 자신이 왜 그렇게 화가 많이 나고 우울했었는지 원인을 알게 된 이후에는 자연스럽게 관계가 풀렸다. 앞서 말했듯이 나를 받아들이면 다른 사람도 받아들일 수 있게 되기 때문이다. 자기수용이 되지 않으면 다른 사람들과 끊임없이 다툼을 벌이게 된다. 나를 용납할 수 없으니 다른 사람들 속의 내 모습도 용납하지 못해서 갈등을 일으키거나 다른 사람들을 괴롭힌다. 그런데 나를 바꾸면 한 번의 씨름으로 수많은 싸움을 종식할 수 있다. 이 얼마나 아름답고 훌륭한 방법인가!

자기수용을 할 줄 아는 사람들 곁에는 사람들이 모여든다. 가짜 내가 아닌 진짜 나로 살아가기 때문에 사람들을 대할 때도 거짓이나 가식 없이 편안하게 대할 수 있다. 나를 판단하는 마음이 없으니 남의 실수도 판단하지 않고 '그럴 수 있다'는 너그러운 시선으로 이해한다. 그러다 보니 자연스럽게 진솔한 대화를 통해 깊은 신뢰를 주고받으며 좋은 대인관계를 갖게 되고 행복한 마음을 느끼게 된다.

반면 자기수용이 되지 않는 사람은 사회 속에서 고립될 수밖에 없다. '현실의 나'를 숨긴 채 '포장된 나'로 잘난 척하면서 살고 있으니 다른 사람을 무시하고 판단하는 마음이 생긴다. 간혹 겉으로는 대인관계가 좋은 것처럼 보이는 사람들이 있긴 하다. 하지만 그런 사람의 내면은 늘 외롭고 쓸쓸하다. 속 감정을 교류할 수 없으면 대인관계도 마른 낙엽처럼 메마르고 쉽게 부서진다. 또 자신의 부족함을 누구보다 잘 알고 있으니 매사에 두렵고 불안하다. 일을 잘해서 좋은 평가를 받아도 마음속으로 스스로를 축하하고 격려하지 못한다. 이미 그다음 과정에 대한 두려움과 부담감이 엄습하기 때문이다. 많은 현대인이 이렇게 긴장 속에서 고단하게 살아가고 있다.

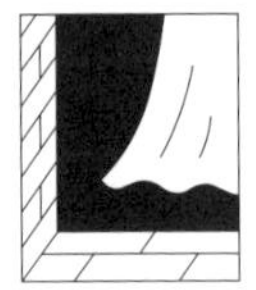

상황에 휘둘리지 않는다

직장인들이 일보다 더 힘들어하는 것 중 하나가 인간관계다. 회사 내에서 인간관계가 너무 복잡하다 보니 어떤 직장인은 '회사에 일하러 왔나? 인간관계를 하러 왔나?' 하며 혼란스러울 정도라고 한다. 심지어 회사에 일하러 가는 게 아니라 정치를 하러 간다고 말하는 사람도 있다. 일의 효율성이 현저히 떨어질 수밖에 없다.

회사 가기가 싫어 여러 번 회사를 옮겼던 시현 씨가 나를 찾아왔다. 이번에도 또 회사에 가기 싫다며 호소했다.

"저는 정말 회사 가기가 너무너무 싫어요."

"무엇 때문에 그렇게 싫은가요?"

"사람들 때문에요. 사람들이 너무 신경 쓰여요."

"어떤 사람들이 신경이 쓰이는데요?"

"상사도 보기 싫고 이번에 승진한 남자 직원도 꼴 보기 싫어요."

"회사에 가는 이유가 뭐라고 생각하세요? 일하러 가시나요? 아니면 사람들 때문에 가시나요?"

"물론 일하러 가죠. 그런데 사람들하고 관계를 잘해야 불이익을 당하지 않으니까 신경을 안 쓸 수가 없어요. 일하는 것보다 상사 비위 맞추는 게 훨씬 더 힘들어요. 회사에 갈 생각을 하면 숨이 안 쉬어질 때가 있어요."

시현 씨는 직장 상사의 지시하는 말투가 맘에 들지 않는다고 했다. 그런 강압적인 말투를 들을 때마다 아버지가 생각나서 화가 난다고 했다. 시현 씨 아버지는 교장 선생님이었다. 어렸을 때 시현 씨는 시도 때도 없이 한 시간 넘게 무릎을 꿇고 앉아서 아버지의 훈계를 들어야 했다. 어떤 날은 자다가 불려 나와서 꾸벅꾸벅 졸면서 들은 적도 있었다. 진짜 잘못해서 반성을 하다가도 아버지의 긴 훈계를 들으면 도리어 반발심이 생기곤 했다.

어른이 된 시현 씨는 상사가 훈계조로 말하면 듣기 싫고 알 수 없는 분노가 불쑥 솟아났다. 그래서 직장을 여러 번 바꾸었다. 하지만 이제는 나이도 있고 해서 더 이상 물러날 곳이 없었다.

이에 더해 최근 시현 씨는 사내 공모전에서 마지막까지 경합을 벌이다가 떨어졌다. 경쟁자는 다른 일로도 자주 부딪쳤던 사람이었다. 시현 씨는 자신이 여자라서 떨어졌다고 믿고 있었다. 그러자 상사가 더 미워졌다. 겉으로는 자신을 추켜세우고 경쟁자가 형편없다고 하더니, 결국 마지막 결정 앞에서는 그의 손을 들어줬다고 생각했다.

나는 시현 씨가 무엇 때문에 상사는 물론 경합했던 직원에게도 그렇게 화가 나는지 이유를 찾도록 도왔다.

시현 씨는 어디서든 1등이 되려고 애썼다. 아버지의 훈계를 싫어하면서도 자신도 모르게 아버지의 훈계대로 살고 있었던 것이다. 그런 자신이 싫었지만 아버지와 함께 사는 한 다른 선택의 여지가 없었다. 공부에서 뒤처지면 훈계를 더 자주 들어야 할 테니 아버지 뜻에 순종하는 방식이 덜 괴로운 길이었다. 직장생활을 하면서 독립한 이후에도 지기 싫어하는 태도는 바뀌지 않았다. 아버지의 훈계를 듣기 싫어서 1등이 되려고 노력했던 시현 씨는 누군가 자신에게 훈계조로 이야기하면 자신이 뭔가 잘못하고 있다는 이야기로 들려서 화가 났다. 상사를 상사로 보지 못하고 아버지로 보았던 것이다.

시현 씨는 상담을 통해 아버지와 직장 상사에 대한 분노의 감정을 실컷 표현하는 시간을 가졌다. 시현 씨 내면에는 항상 최고가 돼야 한다는 강박관념이 있었다. 최고가 되기 위해서 끊임없이 긴장하면서 살아왔다. 그 결과 놀 줄 모르고 쉴 줄 모르는 사람이 되었다. 조금만 쉬는 시간이 생겨도 금세 또 다음 일을 생각하면서 계획을 짜기 시작했다. 이렇게 살다 보니 소화 불량과 배탈이 잦았다. 신경도 예민해져서 다른 사람들이 조금만 자신에 대한 이야기를 해도 날카로워지곤 했다.

시현 씨는 상담 중에 최고가 되지 못하면 얼마나 사람들이 자신을 무시할까에 대한 두려움을 쏟아냈다. 무시당하지 않기 위해서 쌓아 올린 최고가 되려는 신념은 결국 아버지의 징벌과 훈계를 통해서 만들어진 것이다. 시현 씨의 원래 성격은 그리 꼼꼼한 편이 아니었다. 그래서 실수도 많고 덤벙거리는 편이었다. 그런데 아버지에게 혼이 나면서 성격이 변해 무엇이든 확실하게, 그리고 분명하게 챙기려는 성격으로 변했다. 이러한 성격의 이면에는 아버지에 대한 분노가 쌓여 있었다. 시현 씨는 결국 아버지에 대한 분노를 터뜨리면서 많은 시간 동안 울었다. 그리고 자신이 어떻게 살아왔는지에 대해서 조명하는 시간을 가졌다. 이러한 시간이 지나면서 시현 씨는 나사 풀린 사람처럼 실수를 했다. 상담 시간도 잘 기억하지 못해 빼먹기도 했고, 상담 숙제를 잊어버리고 그냥 온 적도 있었다. 당황하는 그녀에게 나는 좋은 현상이라고 말해줬다. 점점 긴장이 풀어지면서 밥맛도 살아나고 건강도 회복되었다. 이러한 과정을 통해서 시현 씨는 자신의 마음속에 단단하게 박혔던 최고가 되려는 강박관념을 무너뜨렸다. 힘들고 어려운 과정이었지만 결과적으로 새살이 돋듯 편안한 마음이 생겨났다. 그리고 자신이 덤벙거리고 실수가 많은 성격의 소유자임을 받아들이게 되면서 다른 사람에게 져도 괜찮다고 자신을 풀어주었다. 사내 공모전에서 남자 동료에게 진 자신을 있는 그대로 편안하게 받아들이게 됐다. 상담을 하고 나서 시현 씨는 훨씬 행복한 표정으로 말했다.

"이제는 정말 회사에 가서 일만 할 수 있을 것 같아요. 평생 대리로 살아도 상관없어요."

시현 씨가 최고가 되어야 한다는 신념으로 남의 훈계는 들으려 하지 않는다면, 회사생활은 힘들 수밖에 없다. 그래서 실제로 힘들었고 여러 회사를 전전했다. 주변 사람들도 고달팠고 자신도 고달팠다. 시현 씨는 자기수용 과정을 통해 자신이 고달프게 산 원인을 알게 되었다. 이제 최고가 되지 않아도 괜찮았고, 상사의 훈계는 그의 입장에서 할 수 있는 이야기로 받아들일 수 있게 되었다. 이처럼 자기 자신과 현실을 수용하고 나면 사람들과의 관계는 저절로 편안해진다.

상황을 넘어서 마음을 보게 된다

자기수용이 되면 자신을 잃지 않으면서 다른 사람의 시선을 덜 의식하게 된다. 나의 내면과 감정에 더 집중하기 때문이다.

예를 들어 직장에서 입사 동기가 나보다 먼저 승진하면, 우울할 수 있다. 그 우울함 속에는 동기에 대한 질투, 부러움 등의 감정이 있을 수 있다. 그 감정 더 밑에는 경쟁에서 진 자신에 대한 열등감과 자기 비하가 있을 수 있고, 더 깊이 내려가면 부모로부터 인정받고 싶은데 인정받지 못한 아쉬움과 수치심이 있을 수 있다. 이런 내면의 감정을 인식하고 인정하게 되면 동기가 승진한 그 사실보다 내 심리적 현실 때문에 더 힘들었음을 깨닫고 현실을 담담하게 받아들일 수 있는 힘이 생긴다.

내 심리적 현실이란, 동기가 나보다 먼저 승진한 사실이 내 열등감을 건드렸고, 이로 인해 동기와 회사를 욕하는 동시에 못난 자신을 질책하며 괴로워했던 마음이다. 이런 자신의 마음을 보게 되면 동기가 승진한 게 문제가 아니라 내 열등감, 인정 욕구가 고통의 원인이었음을 깨닫게 되고, 자연스럽게 회사와 동료에 대한 미움이 해소된다. 동기를 질투해서 끌어내리려고 하거나 회사의 인사 정책에 불만을 품는 대신, 씁쓸하지만 현실을 인정할 수 있는 마음이 생기게 되는 것이다.

회사가 공평할 수도 있고 공평하지 못할 수도 있다. 공평한 회사에서 동기가 나보다 먼저 승진을 하면, 나는 동기보다 능력이 모자란 사람이란 뜻이다. 공평하지 못한 회사에서 동기가 나보다 먼저 승진하면, 능력만이 승진의 요소를 결정하지 않는 현실이라는 뜻이다. 그럴 때는 그저 나와 현실을 있는 그대로 받아들이면 된다.

열등감 밑바닥에 있던 인정받고 사랑받고 싶었던 욕구를 보고 그것이 자신에게 고통을 유발했음을 알게 되면, 자신의 부족한 능력이든 공평하지 못한 현실이든 받아들일 여유가 생긴다. 이 과정을 통해 내면은 더 건강해지고 성숙해진다. 비록 나보다 먼저 진급한 동기를 축하해주지 못하더라도, 열등감에 찌든 마음으로 살거나 회사에 불만을 품고 살아가는 부정적인 모습을 피할 수 있게 된다. 이런 사람들은 스스로 위로할 수 있고, 격려할 수 있다.

사실 상담자 입장에서 보았을 때 이런 마음의 작업 과정은 승진과는 비교할 수조차 없는 인생의 보물을 얻은 것과 같다. 살면서 힘든 일들이 종종 생길 텐데 그때마다 이런 식으로 대처해나갈 수 있다면 상황에 덜 휘둘리면서 자신을 괴롭히지 않고 살아갈 수 있다.

2장

나만의 문제는 아니다

04

수용을 방해하는 사회적인 요인들

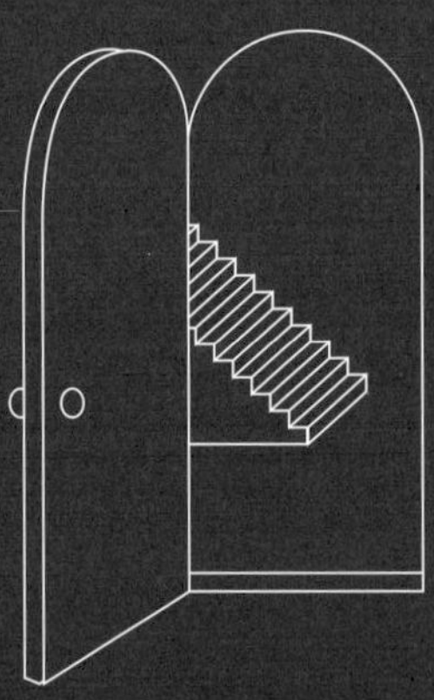

수용을 하면 이렇게 좋은 점이 많음에도 많은 사람들이 스스로를 수용하지 못하는 데는 여러 가지 이유가 있다. 앞에서 개인적인 히스토리 가운데 형성된 심리적인 구조를 살펴보았는데, 수용이 어려운 건 사실 나, 개인만의 문제는 아니다. 개인의 심리적 구조를 잉태하는 사회적인 가치 체계와 인간이 가진 존재적인 한계도 수용을 어렵게 만든다. 수용은 개인의 문제인 동시에 사회적 문제이자 인간 실존과 연관되어 있는 것이다.

현대 사회는 자기수용보다는 부풀리는 삶을 살도록 만든다. 잘 사는 삶이 이런 것이라는 기준을 정해두고 이를 사회적으로 담론화하여 지금보다 좀 더 가져야, 좀 더 스펙을 쌓아야 잘 사는 삶이라고 여기게끔 한다. 불리한 것들을 숨기게 하기도 한다. 이렇게 되면 눈에 보이는 자신과 실제의 자신 사이에 괴리가 생기게 된다. 사회적 자기가 부풀어 있으니 내면의 자기를 숨기게 된다. 이런 사회적 분위기에서는 수용이 참 어렵다.

또한 우리 사회의 많은 부모들은 자녀들에게 아주 어릴 때부터 "착한 사람이 돼야 한다", "좋은 사람이 돼야 한다"라는 말을 한다. 이 때문에 대부분의 사람들이 무의식적으로 이 전제에 매여 살게 되는데, 이것이 또한 수용을 방해하는 커다란 이유가 된다. 생긴 대로, 자기답게 살지 못한 채, 싫으면서도 싫다고 이야기하지 못하고 반대하면서도 반대한다는 이야기를 하지 못한다. 속으로는 싫어하면서도 남들이 보기에 착한 행동을 한다. 다른 사람들로부터 좋은 사람이라는 말을 듣고 싶기 때문이다. 인성 부풀리기라고 할까? 우리는 늘 옳고 착한 사람이 될 수 없다. 능력과 지식이 한계가 있는 인간에겐 애초부터 불가능한 일이다. 게다가 나에게 옳은 일이 다른 사람에게는 틀린 일이 되기도 하는 복잡한 상황도 있다.

극단적 사고를 하거나 극단적 행동을 하는 방식으로 자신을 부풀리는 경우도 있다. 대표적인 경우가 진보와 보수의 이분법적 갈등이다. 이러한 방식은 지나치게 흑백논리를 강요하여 개인으로 하여금 양극단에 치우치도록 만든다. 인간은 어떤 면에서는 진보적이면서 어떤 면에서는 보수적일 수 있는 존재다. 상황에 따라 진보가 되기도 하고 보수가 되기도 한다. 그럼에도 불구하고 이분법적으로 나누어진 사회에서는 있는 그대로의 자신을 나타내기가 어렵게 된다.

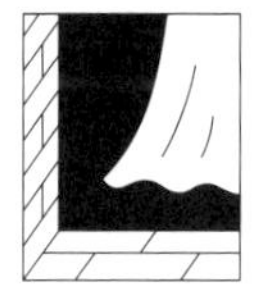

부풀리기 권하는 사회

자기 자신을 받아들이기 위해서는 내가 사는 지금의 사회를 정확하게 보는 눈이 필요하다. 내가 몸담고 사는 사회의 기준에 나도 휩쓸리거나 영향을 받아서 있는 그대로의 자기 자신을 받아들이지 못하는 경우가 많기 때문이다.

우리 사회에서 잘 산다는 기준은 대체로 다음과 같다. 명문대학을 졸업해서 좋은 직장을 갖고 서울과 같은 대도시의 넓은 아파트에 살면서 고급 승용차를 몰고 다니는 것. 그에 미치지 못하는 삶을 사는 사람들은 상대적 빈곤감에 허덕이며 자기수용이 몹시 힘들어진다.

자기 현실을 받아들이지 못하게 되면 부풀리기 현상이 자연스럽게 일어난다. 우리나라가 경제적 급성장에도 불구하고 국민의 행복지수가 낮은 원인은 이러한 사회적 배경과 무관하지 않다. 모든 사람이 부풀린 상태에서 살게 되면 그 사회는 안정된 사회가 되기 어렵다. 국민 소득은 늘었는데, 가계 부채는 최대치에 이르고 있는 현실도 이런 맥락에서 나타난 현상이다.

우리 사회에서는 나보다 힘이 센지, 지위가 높은지, 돈이 많은지로 사람을 대하는 경우가 많다. 근래 들어 끊임없이 갑질 이슈가 나오는 이유다. 갑을관계로 돌아가는 사회에서는 무시당하지 않기 위해 더 힘을 가지려 하고, 더 많이 돈을 벌려 하고, 더 높은 지위에 오르려 한다. 갑의 횡포에 을로 서러움을 당한 사람들도 자기보다 못하다고 여기는 을들에게 갑질을 하며 스트레스를 푼다. 악순환의 사회가 된다. 이런 사회에서는 자기수용이 아주 어려워진다. 부풀리기를 권하는 사회이다.

사회의 기준은 외형적인 것뿐만 아니라 개인의 내면에도 영향을 준다. 사회가 인정하는 괜찮은 사람, 좋은 사람의 기준에 맞춰서 살기 위해 개인은 자신의 본래 성향이나 감정도 억압하게 된다. 좋은 부모, 좋은 자식, 좋은 남편, 좋은 아내의 기준에 자신을 맞추면서 살려고 하기 때문이다. 여러 번 말하지만 감정을 억압하면 억눌린 감정은 언젠가는 터진다. 개인이 감정적으로 억압한 채 살게 되면, 어디선가 억누른 감정들이 터지면서 사회 전체가 불안정해진다. '보복 운전', '여혐, 남혐 현상', '묻지 마 살인', '직계 존비속 살인'과 같은 비상식적인 범죄들이 늘어나는 것도 이 때문이다. 개인의 자기수용은 사회 전체의 거품을 줄이고, 안정적인 사회를 만드는 가장 빠른 길이다.

그 기준은 누가 만들까?

그러면 성공한 사람, 괜찮은 사람, 좋은 사람의 기준은 누가 만드는 걸까? 시대적으로 통용되는 기준은 계속 달라진다. 이런 주제를 다룰 때 학자들은 '지배적 담론'이라는 말을 사용한다. 지배적 담론이란 특정 집단이 자기들에게 유리한 방향으로 체계적인 논의를 하여 담론을 만들어낸 후 점점 확산시켜서, 그 주제에 대해서는 마치 상식처럼 여겨지게 되는 의견, 이론을 말한다. 이러한 담론이 사회 안에서 받아들여져 숙성되면 문화, 문명이 된다. 따라서 인류의 문화와 문명은 대부분 집단이기주의의 산물이라 볼 수 있다. 사회의 여러 집단 중 힘 있는 집단이 자신에게 유리한 논지를 제시하고, 이를 바탕으로 문화와 문명이 만들어지게 되는 것이다.

그중 자본에 의해서 만들어지는 지배적 담론이 있다. 지금 한국 사회에서는 돈과 성공이 시대적인 선이다. 특히 IMF 시기를 지나면서 부익부 빈익빈의 사회로 치닫고 있다. 자본을 가진 집단이 만드는 논리가 사회적 담론이 된 것이다. 따라서 기업의 이익에 반하는 정책, 문화, 논리는 거부되고 반사회적인 것이 된다. 가정에서도 자녀들에게 그렇게 가르친다. 친자본적, 친기업적 논리가 사회적 담론으로 확고해지며 이를 위협하는 것은 열등한 것으로 치부되거나 제거된다.

다른 방식의 지배적 담론도 있다. 평등의 논리로 무장을 한 일단의 사람들은 모든 사람이 똑같이 살아야 한다고 주장한다. 얼핏 보기에는 시대적 선을 만들어내는 것처럼 보이지만, 사실은 그렇지 않다. 사람은 재능도 다르고, 환경도 다르고, 인생을 시작하는 출발점도 다르다. 이러한 차이를 인정하지 않고 '똑같이'라는 평등사상만 주장하는 것도 인간의 본성과 현실을 인정하지 않는 또 다른 부풀림의 현상이다. 이러한 논리는 열심히 노력해서 많은 것을 얻은 사람들을 죄악시하는 잘못된 생각을 하도록 만든다.

이처럼 세상의 기준이 누군가가 그들의 이익에 맞게 만들어낸 것이라는 시각을 갖게 되면, 세상의 기준에 휩쓸려 살지 않을 수 있는 힘을 가지게 된다. 사회는 이런 기준에 맞지 않으면 실패한 삶이라는 메시지를 주지만 그것은 자본의 논리일 뿐, 인간은 그보다 더 큰 존재이다. 이런 관점을 장착하고 사회를 보고 자신을 보면, 자신을 수용하기가 훨씬 더 쉬워진다. 나아가 보다 더 성숙한 삶을 살 수 있다.

감정을 무시하는 사회

돈과 성공이 시대적인 선이 되면, 개인의 특성과 감정은 중요하지 않은 것으로 치부된다. 성공을 위해서 개인의 인간적인 성향들은 희생되거나 무가치하게 여겨지기 때문이다.

예를 들어 자녀를 명문대학에 입학시켜서 성공시켜야 한다는 부모의 욕구가 강하면, 자녀의 감정은 고려 대상이 아니다. 이때 자녀가 감정이 없으면 부모가 시키는 대로 기계처럼 공부만 할 수 있다. 하지만 감정이 살아나면 기분이 나빠진다. '엄마는 왜 나한테 강제로 공부를 시키지? 싫어. 답답해. 힘들어. 억울해. 엄마 미워!' 이런 감정들이 올라오면 공부에 브레이크가 걸린다. 그런데 '이건 엄마한테 반항하는 거야. 나쁜 거야' 하고 감정을 눌러버리면, 감정 없이 다시 공부할 수 있다. 이런 식으로 성장하게 된 자녀는 점점 감정을 표현하는 법을 잃어버린 채 기능적인 부분만을 발달시키면서 살게 된다.

이전의 내 책에서도 몇 번 언급했듯 영화 「이퀼리브리엄」은 미래 사회에서 모든 사람이 감정 없이 살아가는 모습을 보여준다. 그 사회에서는 혹시라도 감정 있는 사람이 발견되면 무조건 제거한다. 감정이 전체 조직 운영의 효율성을 낮추고 방해가 된다고 믿기 때문이다. 하지만 진실은 다르다. 개인의 감정이 살아 숨 쉬는 사회가 건강한 사회다. 감정 없는 사회로 가면 인간은 인간성을 잃어버리고 멸망할 가능성이 높다.

현대 사회는 점점 효율 중심으로 가고 있다. 생산 공정에 기계가 등장하더니 이제는 인공지능까지 등장했다. 감정을 가진 사람이 설 자리가 점점 줄어들고 있는 것이다. 사실 회사 편에서 보면 감정 없이 24시간 내내 일만 할 수 있는 로봇이 노동자로선 안성맞춤이다. 감정이 있는 인간은 요구 사항도 많고 불만도 많다. 경영자 편에서는 일을 시키기도 까다롭고, 투자 대비 수익률도 낮다. 노조까지 만들면 더 골치 아파진다.

그러함에도 인간은 존중받아 마땅한 존재라는 사실은 변하지 않는다. 다른 사람을 존중하지 않으면 언젠가는 나도 존중받지 못할 수 있다. 우리나라에만 국한된 이야기가 아니다. 우리가 사는 지구는 하나로 연결되어 있다. 태평양 한가운데 버린 쓰레기 더미가 돌고 돌아 한반도 해안에 쌓이는 세상이다. 중국에서 시작된 코로나19가 몇 개월 만에 전 세계를 강타한 것을 보지 않았는가. 거꾸로 나 한 사람이 전 세계에 영향을 미칠 수도 있다. 한 사람의 건강한 자기수용이 돌고 돌아 우리 사회와 세계에 선한 파급 효과를 낼 수도 있다.

좋은 사람 되라고 요구하는 사회

주변을 둘러보면 의외로 '착한 사람 증후군'을 가지고 있는 사람들이 적지 않다. 친구가 쇼핑하러 가자고 하면 해야 할 일이 있는데도 거절하지 못하거나, 사무실에서 복사나 커피 심부름 등 거절해도 되는 일들을 자주 하는 사람들이 있다. 착한 게 나쁜 것인가? 의문이 들 수도 있겠다. 그런데 '착한 사람 증후군'에서 보이는 착함은 일반적인 착함과 다르다. 이 착함은 자신과 타인을 믿지 못하는 마음에서 나온 착함이다. 그리고 사람들로부터 사랑받지 못할까 봐 두려워하는 방어적인 행동이다. 이런 성향은 수용으로 가는 길을 방해한다. 생긴 대로 살지 못하게 하기 때문이다.

'착한 사람 증후군'이란 다른 사람에게 좋은 사람으로 인식되고 싶은 마음에서 생기는 증상들을 말한다. 이 증후군을 갖고 있는 사람들은 좋은 사람으로 인식되기 위해서 자신을 희생한다. 화가 났는데 화가 나지 않은 것처럼 말하고, 슬픈데 슬프지 않은 것처럼 보이려고 한다. 이들은 종종 두통, 소화 불량, 가슴이 답답하거나 심장이 쿵쾅거리는 증상, 손이나 얼굴 근육 중 일부가 떨리는 증상 등을 경험한다. 다른 사람에게 좋게 보이려는 욕심과 그것을 하기 싫어하는 마음 사이의 괴리감으로 인해 생기는 증상들이다. 좋은 사람과 좋은 사람으로 보이고 싶어하는 마음은 서로 다르다. 좋은 사람은 좋게 보이지 않을 때도 좋은 사람일 수 있다. 그러나 좋게 보이려는 사람은 자신을 감추거나, 위장하거나, 희생하면서 다른 사람에게 좋게 보이려고 하기 때문에 문제가 된다.

사람들은 왜 그렇게 착한 사람이 되고 싶을까?

'착한 사람 증후군'이 있는 엄마는 자녀가 밖에서 싸우고 들어오면 자녀를 편드는 말을 하지 않고 상대방을 이해하는 말 또는 상대방이 얼마나 힘들었을지에 대해서 말을 한다. 이런 말을 듣는 자녀는 자신의 엄마가 진짜 엄마인가 하는 의심이 들고, 엄마를 원망하는 마음이 생긴다. '착한 사람 증후군'의 엄마는 자녀와 자신을 동일시한다. 그래서 자신이 다른 사람에게 좋은 사람 소리를 듣고 싶어 자신을 희생하듯, 자녀의 힘들고 어려운 마음을 희생시키면서 상대방을 이해하려고 하는 것이다. 그래서 싸우고 와서 화가 난 자녀보다는 자녀와 싸운 상대방을 더 걱정하고 염려하는 말이나 행동을 하게 된다. 자녀로서는 정말 어처구니없는 상황이 된다.

'착한 사람 증후군'이 있는 사람들은 내면에서 느끼는 나와 밖으로 보이는 나 사이에 괴리감을 경험한다. 내면에서 느끼는 나는 형편없고 모자라고 보잘것없다. 이런 내면을 들키지 않거나 보이지 않으려고, 보이는 나를 착한 사람으로 위장한다. 착한 행동이나 말, 생각을 타인에게 보여줌으로써 자신의 내면에 있는 못나고 나쁜 나를 감추고 싶어 한다. 이렇게 되면 내면의 나와 외부의 나는 물과 기름처럼 서로 어울리지 못하고 분리된다. 서로 통합되지 못한 상태로 살아가는 이런 심리적 상태를 분열 또는 분리라고 한다. 분열된 자기를 가진 사람들은 경험이 파편화(fragmented)된다. 겉에서 경험된 내용과 속에서 경험된 내용이 서로 연관성을 갖지 못하고 마음에 따로따로 존재한다. 겉과 속 또는 여러 다른 영역들이 서로 연관성 없이 경험되면서 살아가는 파편화된 사람들은 자신의 입장과 영역에 따라 다르게 행동하고 있음에도 불구하고 이런 행동에 대해서 의문을 갖지 못한다.

예를 들면 운전을 할 때와 보행을 할 때가 대표적이다. 운전을 하면서 보행자에 대해 비난을 하는 사람이 자신이 보행을 하면 같은 상황에서 운전자를 비난한다. 운전할 때의 나와 보행할 때의 내가 서로 다르다. 이렇게 살아가는 것이 파편화된 삶이다. 다른 사람에게 착하게 보여서 자신을 속이는 방향으로 노력을 하면 할수록 내면의 자기와는 더욱더 멀어진다. 이런 사람은 타인을 의식하는 데 자신의 삶을 바치므로 불안정하고 불안하며 다른 사람의 눈치를 살피며 살게 된다.

좋은 행동을 하는 사람이 좋은 사람인가?

우리가 살고 있는 세상은 행동으로 존재를 규정한다. 살인을 저지른 범죄자가 어떤 마음으로 그 일을 저질렀는지는 중요하지 않다. 살인이라는 행동을 했다는 사실만 중요하다. 그래서 그는 살인범이라는 존재로 규정된다.

회사에서도 마찬가지다. 제시간에 출근했는가? 기획안은 제대로 제출했는가? 기획한 대로 잘 실행했는가? 전부 행동 중심이다. 어떤 마음으로 그런 기획안을 생각해냈는지는 다음 문제다. 성과를 제대로 못 냈다면 그 이유나 과정은 중요하지 않다. 이것이 우리가 살고 있는 세상의 모습이다.

그런 세상에 도전장을 내민 사람이 있다. 예수다. 바리새인들이 행동주의적 시각으로 예수에게 힐난하듯 물었다. "왜 당신의 제자들은 손을 안 씻는가? 안식일에 왜 밀밭에 가서 밀을 따서 먹는가?" 그러자 예수가 대답했다. "음식은 죄가 없다. 선하다. 너희 마음이 악하다. 사람이 (손을 안 씻고) 먹어서 나쁜 게 안으로 들어오는 것이 아니라, 네 안(마음)이 더러우니까 더러운 것(행동)이 나온다." 기존의 시각을 완전히 바꾼 것이다. 그러면서 죄에 대해서 죽 나열한다. 음욕부터 시작해서 탐욕, 거짓,

게으름, 이기심 등은 다 우리 속에 들어 있다고 설명한다.

거짓말, 배신, 음해, 중상, 모략, 조종, 조롱, 폭력, 살인, 비정, 무정, 수군거림, 비난, 비방 등과 같은 수많은 죄의 행위는 이런 죄성에서 비롯된다. 악이 우리 속에 없다면 이런 행동이 나오겠는가? 이것이 예수의 시각이다. 완전히 다르다. 거꾸로다. 존재에서 행동이 나온다고 생각하는 것이다. 속마음은 어떻든지 행동만 좋은 사람으로 보이면 되는 것이 절대 아니다.

'착한 사람 증후군'이 있는 사람들은 '나쁜 사람'이 되어야 본인도 살고, 남들도 살릴 수 있다. '나쁜 사람'이 되는 것은 자신의 한계를 인정하고 기대치를 현실화하는 작업이다. 할 수 있는 건 한다고 하고, 못 하는 건 못 한다고 말해야 한다. 그래야 남에게 좋은 사람이 되고 싶어서 자신을 혹사하고 내동댕이치지 않는다. 자신을 돌보지 않으면 자신과 연결이 끊어진다. 온통 남이 나를 어떻게 생각할지에만 생각이 가 있고 자기는 챙기지 않기 때문이다. 이렇게까지 남을 돌보았는데 상대의 반응이 기대하던 것과 다르면 서운하고 원망하는 마음이 생긴다. 결국 다른 사람들과의 연결도 끊어진다. 해주고도 욕먹는 상황이 되는 것이다.

알고 보면 이것도 일종의 이분법적인 사고에서 나온 것이다. 이 세상에는 착한 사람과 나쁜 사람만 있는 것은 아니다. 착하면서도 이기적인 행동을 할 수도 있고, 나쁜 행동을 자주 하는 사람도 어떤 경우에는 선한 행동을 할 수도 있다.

자신을 수용하게 되면 삶의 방식이 달라진다. 우선 자신이 어디까지

할 수 있고 어디부터는 무리인지 알게 된다. 그러면 가족이나 주변 사람에게 사실대로 설명하고 도움을 요청할 수 있다. 그렇게 되면 주변의 기대치도 그만큼 낮아지고, 본인에게는 그만큼 여유 공간이 생기게 된다. 지금보다 훨씬 더 넉넉하고 행복한 삶을 살 수 있다. 자신의 부족함을 사실 그대로 받아들이고 표현할 수 있는 것, 이것이 진정한 자기수용이다.

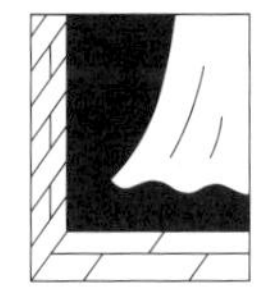

'모 아니면 도'를 강요하는 사회

예전에 「하나뿐인 내 편」이라는 드라마를 시청한 적이 있다. 드라마의 내용은 이렇다. 두 며느리가 있는데, 어느 날 시아버지가 큰며느리에게 자동차를 사줬다. 작은며느리한테는 이미 차가 있었고 큰며느리에게는 없었다. 작은며느리는 시아버지가 형님한테만 차를 사주고 자기는 안 사줬다고 서운해하며 불평을 한다. 나아가 시아버지가 자기를 미워한다고 생각한다. 시아버지는 차가 없는 큰며느리에게 차를 사준 것뿐인데 말이다.

이분법적인 사고 안에서는 자신을 좋아하는 사람과 미워하는 사람 두 종류의 사람밖에 존재하지 않는다. 그러니 다른 사람을 더 챙기는 행동만을 보고 자신을 미워한다는 생각을 하게 되는 것이다. 좋아하는 것과 미워하는 것 사이에는 수많은 감정이 존재할 수 있다. 무관심도 있을 수 있고, 적당히 호감을 느낄 수도 있고, 그 사람의 성격은 싫어하지만 그 사람 자체는 좋은 사람이라고 생각할 수도 있다. 좋아하는 것과 미워하는 것 사이엔 이렇듯 다양한 감정과 생각이 존재하는데, 이분법적으로 생각하면 모 아니면 도, 좋아하는 게 아니면 미워하는 것이 된다.

자신과 가까운 사람이 본인이 좋아하지 않는 다른 사람에게 호의를 베푸는 것도 이분법적 사고에서는 받아들여지지 않는다. 나를 좋아한다면 내가 좋아하는 사람을 좋아하고 내가 미워하는 사람은 미워해야 한다. 그러므로 이분법적 사고방식은 다분히 자기중심적이고 이기적인 사고방식이다. 이 드라마의 제목처럼 네 편, 내 편을 계속 가르는 이분법적 사고방식 안에서는 자기수용이 일어나기 힘들다. 있는 상황을 사실대로 인식하지 못하기 때문이다. 그래서 가정에서든 사회에서든 갈등과 충돌이 자주 일어날 수밖에 없다.

그 외에도 문화적 가치관이 하나로 통일되면서 생기는 크고 작은 사건들을 우리는 주변에서 흔히 찾아볼 수 있다. 아줌마들의 '뽀글이 파마'도 비슷하다. 오죽하면 시골의 한 마을 사람들이 단체로 베트남 여행을 떠났는데, 출입국 심사를 하던 베트남 직원이 계속 똑같이 생긴 한국 중년 여성들이 들어와서 당황했다는 웃지 못할 해프닝이 있었을까. 휴가도 다 같이 같은 시기에 우르르 떠난다. 업무의 효율성을 높일 수는 있겠지만, 많은 사람이 한꺼번에 몰린 휴가지는 발 디딜 틈도 없이 북적이고, 바가지요금도 극성을 부린다. 휴가가 휴식의 시간이 아니라 도리어 피곤이 쌓이는 경쟁의 시간으로 바뀐다.

독일의 직장인들은 매년 초에 언제 휴가를 갈 것인지를 제출한다. 그런 정서에 익숙한 독일 사람이 한국에 파견 근무를 나왔다. 그는 독일에서 하던 대로 연초에 휴가 계획을 상사에게 알렸다. 그러자 한국인 상사는 '일할 생각은 안 하고 놀 생각부터 한다'며 불쾌하게 여겼다고 한다. 문화적인 차이일 수도 있겠지만, 하나에 묶여 사는 우리나라 사람의 고정관념이 만들어낸 에피소드다.

부모 자식 간에도 기준은 오로지 공부 하나뿐이다. 공부를 잘하면 효자, 공부를 못하면 불효자다. 공부 안 하고도 얼마든지 자신의 길을 찾아 살 수 있는데, 공부를 안 하면 회생 불가능한 인생의 낙오자처럼 취급하는 것이다. 상담하다 보면 이런 사람들을 많이 만나게 된다. 자녀를 오직 공부 하나로 평가하는 부모. 그들의 목표는 오직 명문대학 진학뿐이다. 그렇게 성적만을 기준으로 온 나라 학생을 일렬로 세운다. 단일화는 이분법적 사고방식을 불러온다. 하나의 기준에 속하면 승자고, 속하지 않으면 패자다.

우리나라 어린이들이 사용하는 크레파스 색깔 중에 살색이 있다. 그런데 살색이 어찌 하나만 있을까? 흑인의 살색은 검은색이고, 백인은 흰색일 수 있다. 하지만 우리 고정관념 속에서 살색은 하나뿐이다. 자기를 수용하는 일은 이렇게 차이, 다양성, 가능성, 개연성, 유연성 등을 인정하는 일과 연결되어 있다.

이분법적 사고가 형성되는 원인

그렇다면 왜 이렇게 이분법적 사고가 팽배해졌는가? 개인적인 원인과 사회적인 원인이 있다. 먼저 개인적인 원인을 보자. 어린 시절 사랑, 애정, 관심을 받지 못하고 자라면 내 속에 배고픔과 결핍이 생긴다. 그래서 누가 날 좋아하는지 안 좋아하는지에 대해서 민감해진다. 나에게 관심을 보이고 나를 좋아하는 사람은 '좋은 사람', 나를 싫어하거나 관심이 없는 사람은 '나쁜 사람'으로 자리매김된다. 아이들은 주의를 끌어야 살아남을 수 있음을 본능적으로 안다. 일종의 생존 본능이다. 상담학적으로 말하면 '주의를 끄는 행동'이다. 그래서 상대방이 나를 좋아하는지 안 좋아하는지에 대해서 예민하다. 그런 본능이 결핍과 붙으면 이분법적 사고가 형성된다. 자기애적인 사람, 편집증적인 사람, 강박적인 사람이 된다.

사회적으로 이분법적 사고가 팽배한 것은 생존이 전제되는 사회 분위기 때문이다. 생사가 갈리는 절박한 상황 속에서 의견이 두 가지로 분리되면 위험하다. 외적의 침략이 빈번했던 우리나라에서 국론 분열은 곧 국가의 존망과 직결되는 문제였다. 그래서 반대 의견은 반역으로 몰아붙여 없애버렸다. 양옆에 중국과 일본이라는 침략국을 둔 약한 나라로서는 달리 선택의 여지가 없었을 것이다. 지금도 처한 상황은 크게 다르지 않다. 그렇다 보니 분열된 속에서도 늘 하나로 뭉치는 것을 강조할 수밖에 없다.

생존 문제가 달린 상황에서는 힘센 사람의 생각이 절대 선이 된다. 서로 다른 생각이 공존할 수 없으니 주도권을 놓치면 곧 사멸이다. 그래서 목숨을 걸고 싸우고 또 싸워야만 한다. 그렇게 해서 일단 갑이 되면 가정이나 회사나 나라나 자기 마음대로 할 수 있다. 그래서 잘못되면 크게 잘못될 수 있다. 의견이든 대안이든 하나밖에 없기 때문이다.

그런데 지금은 다르다. 우리는 이제 서로 어떻게 공존하며 잘 살 수 있는지를 배워야만 살아남을 수 있는 시대에 살고 있다. 일심동체가 아니라 이심이체로 사는 법을 터득해야 한다. 나와 다른 생각을 가진 사람과 어떻게 대화하고 어떻게 관계 설정을 하면서 살아가야 하는지, 이것이 지금 우리가 풀어가야 할 숙제다.

모두 함께 실패하는 지름길

우리나라 역사에는 간신들이 득세한 세월이 많았다. 왕이 이분법적인 사고를 갖고 있으니 간신밖에 살아남지 못한 것이다. 충신들은 보통 바른 소리를 하다가 왕의 눈 밖에 나서 유배되거나 처형됐다. 현대 사회에 와서도 크게 달라지지 않았다. 회사의 대표나 상사가 이분법적인 사고를 하면, 비위를 잘 맞추고 아첨을 잘하는 사람만 승진한다. 능력 있고 충직하게 일을 잘해도 아첨하지 못하면 승진에서 누락될 수 있다. 오히려 그런 사람은 처세술이 부족한 사람으로 취급받는다.

또 회사에서 새로운 프로젝트를 추진할 때 "이건 이런 이유로 진행이 어렵습니다"라고 말하면 적으로 취급받는다. 그러니 회의 석상에서 자신의 의견을 말하지 않는 직원이 많다. 아무리 좋은 아이디어가 반짝 떠올라도 '괜히 말했다가 본전도 못 찾지' 하면서 입을 다물어버린다. 모두 함께 실패하는 지름길이다.

05

인간 존재 자체의 한계

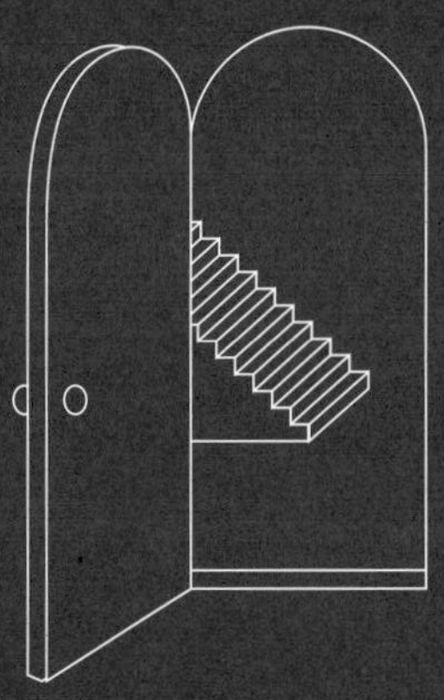

자기수용이 어려운 것은 개인과 사회의 문제이기도 하지만 인간 존재 자체의 한계 때문이기도 하다. 인간은 근본적으로 완벽할 수 없는 존재다. 그럼에도 불구하고 완벽해지려고 안간힘을 쓴다. 경쟁 사회 속에서 사람들은 자신을 부풀리며 능력과 스펙을 자랑한다. 하지만 잘못하거나 실수를 하면 탄식처럼 "나도 인간인지라……" 하는 말을 하게 된다. 아이러니하게도 한계를 가졌다는 뜻인 '인간적'이라는 말은 사람들을 연결해주는 말이기도 하다. "그 사람 인간적이야"라는 말은 정이 있고 따뜻하다는 말이다. 한계가 있는 인간, 그것을 받아들이면 인간은 '인간적'이 된다. 그렇다면 과연 인간은 어떤 존재일까?

인간은 돈이나 사회의 효율성, 권력이나 명성과는 비교할 수도 없는 귀하디 귀한 존재다. 한편으로 인간은 그 자체로서는 여러 가지 한계를 가지고 있는 작은 존재이기도 하다. 인간 존재의 한계를 제대로 인식하지 못하면 모든 것을 자기 뜻대로 하려는 천상천하 유아독존의 자기애적인 인간이 된다.

또한, 인간은 여러 가지 면에서 모순을 가지고 있다. 속은 좁은데 너그러운 행동을 하려 하고 선을 행하려다가 다른 사람들을 다치게 하기도 하는 인간은 본질적으로 모순적 존재다. 인간의 이러한 모순성은 신체적, 심리적, 영적, 사회적 영역 등 전 영역에 걸쳐서 나타난다.

자기수용은 인간이 어떤 존재이며 어떤 노력을 기울여야 하는지와 깊은 관련이 있다. 인간 존재를 다루는 것은 광범위한 작업이다. 그래서 이번에는 작고 부분적이고 모순적인 인간의 한계에 대해 살펴보려고 한다. 덧붙여 인간의 한계를 수용하는 것이 자기 수용의 길임과 아울러 여기에서 인간적인 풍요로움과 미덕이 생김을 이야기하고자 한다.

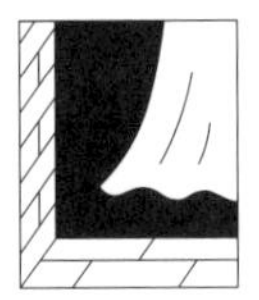

상처받기 쉬운 작은 존재

수용의 목적은 자기 본연의 존재와 모습대로 살아가는 것이다. 쉽게 말해서 생긴 대로 살기다. 그렇다면 먼저 인간 본연의 존재와 모습을 알아야 한다. 내가 어떤 존재인가를 분명히 알아야 나를 부풀리거나 억누르지 않고 나답게 살 수 있다.

우리는 우리 자신을 지나치게 확대해서 생각할 때가 있다. 하지만 인간은 실상 작은 존재다. 감정이 있기 때문이다. 감정이 있는 존재는 상처받기 쉽다.

사람들은 누군가 거친 말을 하거나 인상을 쓰고 노려보기만 해도 쉽게 겁을 먹고 상처받는다. 기분이 불쾌하거나 나빠진다는 것은 이미 내 마음이 상처받았다는 뜻이다. 쉽게 상처받는 인간은 작은 존재일 수밖에 없다. 간혹 기분이 나빠도 대범한 척, '나는 괜찮아' 하면서 감정을 제어하고 자신을 부풀리는 사람이 있다. 그런가 하면 만화영화 주인공 캔디처럼 '외로워도 슬퍼도 나는 안 울어' 하면서 억지로 감정을 억누르는 사람도 있다. 물론 이런 모습은 인간의 고매한 성품이나 교양으로 여겨질 수도 있다. 하지만 수용적인 면에서 보면 스스로 작은 존재인 것을 받아들이지 않고 큰 척하며 자신을 부풀리는 모습일 뿐이다.

생각은 거짓말을 할 수 있지만 감정은 거짓말을 하지 않는다. 상대방이 기분 나쁜 말을 했을 때, 겉으로는 교양 있는 말로 받아넘길 수 있지만, 속에서는 감정이 올라온다.

감정이 있는 존재는 상처받기 쉽다

만약 어떤 장소에서 누군가 나를 불쾌한 표정으로 바라본다면 아무렇지도 않은 척 무시하거나, "뭘 봐요? 내 얼굴에 뭐 묻었어요?"라며 공격적인 태도를 취할 수 있다. 이는 자신이 상처받았음을 숨기고 센 척 부풀리는 행동이다.

"내가 보긴 뭘 봤다고 그래요? 웃기는 사람이야."

"웃긴다고요? 당신이 분명히 지금 나를 째려봤잖아요."

"지금 한번 해보자는 거야, 뭐야? 내가 안 봤다잖아요!"

대화는 생각지도 않은 방향으로 산불처럼 번져나갈 수 있다.

이럴 때 작은 존재로서 자기를 받아들이면 상처받은 내 마음을 솔직하게 표현할 수 있다.

"그런 표정으로 절 보니 긴장하게 되네요. 저한테 뭐 불편한 거라도 있으신가요?" 혹은 "그렇게 쳐다보니 제가 당혹스럽네요. 그러지 않으면 좋겠어요"라고 말이다. 그런데 사실 일상에서 이렇게 자기감정을 솔직하게 표현하기는 쉽지 않다. 안 쓰던 근육을 쓰는 것처럼 어색하고, 내 속을 무방비 상태로 드러내는 것 같아서 위험하고 어리석게 느껴지기도 한다. 또 상대방이 나를 함부로 대해도 되는 힘없는 약자처럼 볼까 봐 신경도 쓰인다.

그런데 놀랍게도 이런 불편함과 장애물을 극복하고 자기를 받아들이는 방식으로 대화하면, 지금까지 느끼지 못했던 편안하고 진솔한 소통을 경험할 수 있게 된다. 내가 약한 모습을 보이면 상대방이 그 약한 모습을 이용할 것 같지만, 실상은 그렇지 않다. 내가 약한 감정을 그대로 내보이면 상대방도 자연스럽게 무장해제를 하기 때문이다.

상대방은 "아, 그래요? 전 그런 뜻으로 본 게 아닌데, 그렇게 비쳤다면 죄송해요" 하고 웃으면서 답할 가능성이 높다. 사람은 누구나 상대방의 반응에 따라 태도를 취하기 때문이다. 이런 대화가 상단적 대화다. 이렇게 대화하면 자연히 인간관계도 깊어진다. 서로의 인격을 존중할 수 있고, 본성대로 살아갈 수 있다. 남들이 뭐라고 하든지 관대하게 다 받아들이는 건 가짜 인격이다. 인격적인 척 자기를 부풀리는 것이다. 자신이 상처받기 쉬운 작은 존재임을 인정하고 자신의 감정을 드러내는 대화가 인격적인 대화다.

어린아이들은 쉽게 상처를 받고, 상처를 받으면 울어버린다. 자신이 받은 상처에 잘 대처하지 못한다. 그러나 시간이 흐르면서 작은 일에 상처를 받기보다는 이해하고 대처하는 법을 배운다. 그런데 아이나 어른이나 감정적으로 상처를 받는 것은 똑같다. 이해와 대처 능력의 차이일 뿐이다. 그렇기 때문에 상처를 받느냐, 받지 않느냐라는 측면에서 볼 때 아이와 어른은 모두 작은 존재다. 작은 존재가 이해와 대처 능력을 키울 때, 스스로를 보호하고 방어할 수 있다. 그렇다고 해서 작은 존재가 큰 존재가 되는 것은 아니다. 작은 존재임을 인정하고 이를 대처하는 방법을 배우는 과정이 인간의 삶이다.

밥 사는 횟수를 세는 쩨쩨함

인간이 속이 좁은 것은 역시나 감정이 있기 때문이다. 감정이 있는 사람은 속이 넓을 수가 없다. 모든 인간은 사랑을 갈구하고 사랑을 받지 못하면 슬프고 외롭다. 사랑을 주기만 하면서 살 수 있는 사람은 없다. 그러므로 상대에게 늘 너그럽길 기대하는 건 인간 존재의 한계를 인정하지 않는 것이다. 현실 수용이 안 되는 것이다.

직장 동료나 친구와 같이 식사를 하러 갔을 때, 처음 한 번은 흔쾌히 밥을 살 수 있다. 그런데 두 번째도 밥을 사게 되면 그때부터 약간 마음이 불편해진다. '지난번에 내가 샀으면 이번에는 자기가 사야 하는 것

아냐? 매너가 꽝이네.' 이렇듯 우리는 어떤 행동을 할 때 늘 대가를 바란다. 말로는 아무것도 바라지 않는다고 하지만 속은 안 그렇다. 세 번째도 같은 일이 벌어지면 그 사람과의 관계를 지속할지 말지를 심각하게 고민하게 된다. '그래, 삼세번인데' 하면서 간신히 세 번째까지는 봐준다. 그러나 네 번째부터는 못 참는다. 이런 것을 문화적으로 조건화(conditioning)된 행동이라고 한다.

상대방이 밥을 사는지 안 사는지를 속으로 계산하다 보면 스스로 쩨쩨하게 느껴질 때가 있다. 친구 결혼식에 축의금을 더 넣을지 말지 심각하게 고민하는 것이 우리의 모습이다. 데이트할 때 비싼 저녁값을 내가 냈으면 상대방이 커피값은 내주길 바라는 게 우리다. 그런데 그런 마음을 말하지는 못한다. 상대방이 알아서 해주길 원한다. 카풀을 하는 동료가 한 번쯤은 휘발유를 가득 넣어주길 바라지만, 아무런 반응이 없을 때 서운한 마음이 드는 게 우리들이다. 우리는 쩨쩨하면서도 쩨쩨한 모습을 들키지 않으려고 애쓴다. 쩨쩨함이란 주제에 걸리면 여자들은 잘 넘어가는 편이지만, 남자들은 몹시 힘들어한다. 남자다움과 상극이라고 생각하기 때문이다. 하지만 그럴 필요 없다. 알고 보면 인간은 다 작고 쩨쩨한 존재다. 인간은 자기중심적이고 속이 좁다. 남자든 여자든 마찬가지다. 이것은 그 누구도 피해 갈 수 없는 인간의 주제다.

나는 '쪼잔한' 사람이다

많은 사람을 상담하는 나도 작은 나를 경험할 때가 많다. 상담가, 교수, 목사는 내 기능의 한 부분일 뿐이지, 내 존재 자체는 아니다. 나는 내가 속 좁은 사람임을 잘 알고 있다. 자학이 아니다. 자기수용이다.

강의를 하다가 우스갯소리를 했을 때 학생들이 안 웃어주면, 나는 상처받고 기분이 안 좋다. 그래서 아예 처음부터 대놓고 얘기한다.

"내 강의 시간에는 될 수 있으면 많이 웃어주세요. 내가 쪼잔해서 너희가 인상 찡그리고 들으면 강의할 맛이 안 나거든."

그럼 학생들은 처음에는 농담인 줄 알고 하하 웃는다. 진심인데.

간혹 어떤 학생이 장난처럼 "교수님, 강의가 지루해요"라고 하면 나는 곧바로 되받아친다. "너의 그 반사회성 때문에 나도 삐딱하게 나가고 싶다. 네가 강의해볼래? 나보다 더 잘할 수 있으면 넘겨주마."

물론 싸울 듯이 고압적인 태도로 하는 말은 아니어서 강의실은 웃음바다가 되지만, 사실 그 말에 내 진심이 조금은 들어 있다.

내 강의에 나를 좋아하는 사람만 들어오는 것은 아니다. 싫지만 전공과목이라서 어쩔 수 없이 들어오는 학생도 있다. 그런 학생들은 표정부터 심상치 않다. '김용태 교수가 강의를 잘한다는데, 어디 얼마나 잘하나 보자' 하면서 약간 삐딱한 자세로 나를 노려본다. 이런 사람은 금방 눈에 띈다. 모르는 척 넘어갈 수도 있지만 나는 작은 사람답게 쪼잔하게 이야기한다.

"너 지금 표정이 좀 이상한 거 알고 있니? 그건 내 문제가 아니라 네 문제인 것도 알고 있지? 째려보는 건 자유인데, 그건 너의 자기애적인 반사회성의 표현이니까, 너의 내면의 문제다"라고 꼭 집어 말한다. 그러면 그 학생은 뭔가 들킨 것처럼 머쓱한 표정으로 곧 자세를 바로잡는다.

나의 쪼잔함은 일반인을 상대로 하는 상담 강의 때도 드러난다.

"제 강의가 재미있으면 박수를 꼭 쳐주세요. 박수도 안 치고 노려보시면, 강의가 형편없나 싶어서 좌절하게 되거든요. 손뼉 치면 본인 건강에도 좋습니다. 혈액 순환에 좋아요. 또 저의 자기애에 도움이 되니까 상부상조죠. 힘껏 손뼉을 쳐주세요."

선비 스타일인 내가 속을 드러내며 박수 구걸을 하면 사람들은 '어?' 하면서 당황하다가 곧 웃는다. 나는 이런 내 모습을 받아들이고 산다. 좋고 나쁘고는 없다. 그냥 나답게 사는 것이다.

내가 대학생 때부터 해오던 기도가 있다.

"하나님, 저 자신의 모습 그대로 살게 해주세요. 저의 있는 그대로 하나님 앞에 서게 해주세요."

왜 그때 그런 기도를 했는지는 잘 모르겠다. 여하튼 나는 그때부터 나 자신의 모습 그대로 사는 게 중요했다. 지금도 그 마음은 한결같다.

"교수님이 되게 깐깐할 줄 알았는데 직접 만나보니 안 그러시네요. 너무 솔직하세요."

"그냥 솔직하게 말해. 푼수 같다는 거지?"

"하하. 네."

누군가 나에게 이렇게 말해줄 때 나는 기분이 좋다. 쪼잔함 안에서 누리는 일종의 자신감 있는 여유랄까. 그리고 나는 속으로 살며시 안도한다. 내가 포장하지 않은 나로 잘 살고 있다는 것에 대해서.

인간의 본성은 공격적

요즘 보복 운전이 큰 교통사고로 이어지는 사건들이 자주 발생한다. 평소에는 양순한 사람도 운전대만 잡으면 사나워지고 거칠어진다. 한순간의 실수로 차가 망가지거나 목숨이 왔다 갔다 하는 상황이고 보니 그만큼 예민해지는 것이다.

나도 운전 중에 비슷한 경험을 한 적이 있다. 한번은 계속 내 앞에서 약을 올리듯 운전하는 차를 추격한 적이 있다. 옆에서 아내는 그만두라고 말렸지만, 내 귀에는 들어오지 않았다. 얼마 안 가서 그 차를 놓치면서 추격전은 허무하게 끝이 났다. 나는 그 일로 인해 한동안 아내의 잔소리를 들어야 했다.

나를 변명하는 것이 아니라 인간은 누구나 공격적이다. 인간의 본성 자체가 그렇다. 인간이 왜 공격적이냐에 대한 설명은 학문마다 나르다. 그런데 진화론적으로 보면 생존 때문에 그렇다. 공격성이 없으면 인간은 척박한 환경 속에서 살아남지 못했다.

수용적인 면에서는 그런 공격적인 나를 알고 받아들이는 것이 중요하다. '나는 왜 이렇게 공격적일까?'라며 좌절할 필요도 없고, '나는 너무 공격적이라서 좋아하는 사람들이 없을 거야'라고 절망할 필요도 없다. 자신에게 이런 특성이 있다는 것을 알고, 또 다른 사람에게도 그런 특성이 있다는 것을 아는 게 중요하다. 그러면 혹시 자신도 모르는 사이에 공격성을 드러낼 때, 또는 다른 사람이 자신에게 공격적 언행을 할 때 '그래, 인간은 원래 공격적이야. 너도 그렇고 나도 살아보겠다고 그러는 거지'라며 덜 상처받고, 자신도 다른 사람도 더 이해할 수 있게 된다.

감정 덕분에 풍요로움을 누린다

상처 입기 쉬운 감정을 가진 인간은 환경의 자극으로부터 예민하다. 벚꽃이 필 때, 단풍이 물들 때마다 자연의 아름다움을 감상하러 인파가 몰린다. 다른 사람들이 웃으면 자기도 모르게 미소가 번지고, 다른 사람이 울면 괜히 같이 눈물을 글썽이게 된다. 그래서 많은 사람들이 드라마나 휴먼 다큐멘터리를 보며 울고 웃는다. 그리고 스포츠 경기를 보면 공격적으로 변하면서도 다른 사람들과 함께 경기를 관람하려고 한다. 왜 그럴까? 간단하다. 감정 때문이다.

감정이 있는 인간은 감정의 느낌들을 예술로 승화시킨다. 느낌을 통해서 세상을 지각하고 느낌을 통해서 새로운 것을 깨닫게 된다. 느낌과 감정이 없으면 인간은 인간으로서 풍요로움을 누릴 수 없게 된다.

감정을 보호하고 표현하면서 감정을 다룰 줄 아는 지혜만 있으면, 인간은 얼마든지 자신의 작음을 활용하면서 살아갈 수 있다. 감정을 적대시하거나 거추장스럽게 느끼면 인간은 자신의 삶을 온전히 살아가기 어렵다. 활용법을 배우면 얼마든지 아름다운 인생을 만들어갈 수 있는 존재가 인간이다.

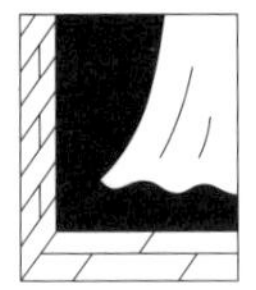

부분적인 존재

인간은 여러 가지 면에서 한쪽으로 치우치는 경향이 있는 존재다. 인지적인 면에서 보면 인간이 알고 있는 것은 언제나 전체 중에서 부분일 뿐이다. 그런데도 우리는 전체를 알고 있다고 생각하는 어리석음을 가지고 있다. 상담 이론을 만든 위대한 이론가들은 IQ가 대체로 200 전후다. 신은 우리를 아이큐 1000인 존재로 만들지 않았다. 아무리 똑똑해도 우리는 여전히 모르는 게 많다. 그래서 똑똑한 사람일수록 자신이 모르는 것이 많다는 사실을 인식한다. 뉴턴은 "진리는 망망대해와 같다. 우리는 고작 바닷가에서 조개를 주어 기뻐하는 아이일 뿐이다"라고 했다. 아인슈타인은 "내가 이미 알고 있는 지식이 차지하는 부분을 원이라고 한다면, 원 밖은 내가 아직 모르는 부분이라고 볼 수 있다. 원이 커지면 커질수록, 원의 둘레도 점점 늘어나 접촉하게 되는 미지의 부분도 더 많아지게 된다. 지금 내 지식의 원은 당신들의 것보다 커서, 내가 접촉하고 있는 미지의 부분 또한 당신들보다 더 많다. 즉, 당신들보다 모르는 것에 대한 갈증이 더 크다고 할 수 있다"라고 말했다. 알면 알수록 모르는 부분이 더 많아진다는 뜻이다. 그들은 분명 똑똑한 사람이었고 사람들은 그들을 천재라고 부른다. 천재들도 평범한 보통 사람들처럼 한쪽으로 치우쳐서 아는 사람들이다. 물론 이들이 다른 사람들보다 더 많은 것을 알고 인류 사회에 더 많은 것을 기여하는 것도 사실이지만, 이들도 역시 아는 것이 한정되어 있고 한쪽으로 치우친 것이 많다. 인간은 아무리 많이 알아도 부분적으로만 알 수밖에 없다.

생각보다 지혜롭지 못한 인간들

그래서 나는 초월적 관점을 좋아한다. 초월적 관점에서는 궁극적 수용을 할 수 있다. 궁극적 수용(혹은 궁극적 초월이라고도 한다)은 나에 관해서만 정의하는 것이 아니라 인간 자체를 정의하므로 나와 다른 사람을 받아들이기 쉽다. '사람은 아는 것이 한정된 존재다. 그렇기 때문에 인간은 누구나 실수할 수 있다'는 명제는 '나만 모르고 있다'는 명제보다 쉽게 받아들일 수 있다.

예를 들어 말을 타고 다니던 인간이 처음으로 자동차를 만들었을 때는 인간의 똑똑함에 모두 감탄하고 놀랐다. 인간이 달에 첫발을 내디뎠을 때도 마찬가지였다. 인간의 무한한 가능성에 대해서 경이로워했다. 하지만 아직 우리는 온 나라를 뒤덮는 미세먼지 문제조차 해결하지 못한다. 비가 오지 않아도, 너무 많이 와도 하늘만 보고 발을 동동 구른다.

인간의 노력으로 무언가를 만들었다고 해도 그다음 차원에서 보면 보잘것없는 것이 되기도 한다. 예전에는 팔뚝만 한 핸드폰을 들고 다녔다. 그것도 굉장한 기술 혁신이라고 놀라워했다. 그런데 손바닥만 한 핸드폰이 나오고 나서는 무용지물이 돼버렸다. 그래서 인류 역사상 가장 지혜로웠던 솔로몬은 "모든 것이 헛되고 헛되다"라고 고백했다.

나는 지금 인간이 뭘 잘 모르는 존재라는 얘기를 하고 있는 것이 아니다. '인간이 생각보다 지혜롭지 못한 존재'라는 것을 깨닫는 것이 궁극적 초월이라고 설명하고 있는 중이다. 이 궁극적 초월은 궁극적 수용과 연결된다. 인간 존재에 대해 깨닫는 것이 많을수록 우리의 한계를 알게 되고, 그럴수록 다른 사람과 나의 한계를 받아들이기 쉬워지니 말이다.

두뇌가 아닌 심장(마음)이 중심이다

"사람이 사는 데 그다지 똑똑할 필요가 없다."

내가 내담자들한테 자주 하는 얘기다. 마음이 시키는 대로 살면 그다지 높은 지능이 없어도 충분히 잘 살 수 있다. 사실 인간은 심장을 중심으로 살도록 만들어졌는데, 인류 사회가 점점 심장(마음)을 잃어버리고 있는 것이 현실이다. 큰 조직일수록 구성원들은 어마어마하게 머리를 써야 한다. 가진 것보다 더 써야 하는 상황도 종종 생긴다. 두뇌 관련 질환이 많이 생기는 이유다.

우리 인간의 두뇌는 앞서 말했듯이 좋아야 IQ 200 정도다. 왜 조물주는 인간의 지능을 더 높게 만들지 않았을까? 그랬다면 인간은 말 그대로 만물의 영장이 되어서 당장의 일은 물론 앞으로 일어날 일을 예측하며 편안하게 잘 살 수 있을 텐데. 답은 너무 쉽고 간단하다. 두뇌는 심장을 지원하는 서브 기관일 뿐이다. 사람들은 흔히 머리가 온몸을 지배하는 중추 기관이고 중심이라고 생각한다. 하지만 사실은 심장이 우리 몸의 중심이다.

생물학적으로, 해부학적으로 설명하면, 사람이 무언가를 원하는 상태인 욕구(desire)는 맨 처음 심장(마음)에서부터 생긴다. 심장은 뛰면서 어마어마한 메시지를 뿜어낸다. 메시지는 많은 양의 정보다. 이 정보를 두뇌가 받아서 연산작용을 한다. 예를 들어 심장이 '오늘 맛있는 것을 먹고 싶다'는 욕구를 내놓으면, 두뇌는 어떻게 하면 맛있는 것을 먹을 수 있을지 그 방법을 찾는다. 그래서 몸은 두뇌의 지시를 받고 핸드폰이나 컴퓨터 앞에 앉아 맛집을 찾는다. 이런 방식으로 머리는 심장을 지원한다. 심장의 욕구를 만족시키기 위해 두뇌는 맛집을 정하고, 팔다리가 그 명령에 따른다. 따라서 두뇌는 심장의 명령을 수행할 수 있을 만큼의 지능만 있으면 된다. 남부럽지 않게 살고 싶은 사람은 성공을 하기 위해서 갖가지 노력을 한다. 이러한 노력을 하기 위해서 많은 생각을 하면서 산다. 생각을 따라가면 너무 복잡하지만 이 사람의 욕구는 간단하다. 성공하고 싶은 마음이다. 마음은 성공을 위한 욕구를 만들어내고, 머리는 이러한 욕구를 현실화하기 위해 많은 생각을 한다.

머리가 아닌 마음으로 이야기하기

그런데 현대 사회는 그 방식을 바꾸어놓았다. 지식 중심의 사회로 변하면서 심장이 아닌 머리가 더 중요한 기관이 된 것이다. 그런데 생각해보라. 두뇌는 AI로 대체할 수 있지만, 심장(마음)은 그 무엇으로도 대체할 수 없다. 심장(마음)을 대체한다는 것은 신이 된다는 의미와도 통한다. 심장은 언제나 생명과 연결돼 있다. 그래서 '뇌사'라는 진단은 있지만, '심장사'라는 말은 없다. 뇌는 죽었다가도 다시 깨어날 수 있지만, 심장은 한번 멈추면 모든 것이 끝난다. 이렇듯 심장은 생명과 관계가 있고, 두뇌는 그 생명을 유지하는 역할을 한다.

인류를 만물의 영장이라고 하지만, 사실 우리는 곰이나 사자처럼 힘이 센 것도 아니고, 치타처럼 빠르게 달리지도 못한다. 그런데도 어떻게 인간이 지구상의 동물을 지배할 수 있었을까? 두뇌 때문이다. 두뇌가 모든 동물을 지배할 수 있도록 시스템을 구축한 것이다. 이를테면 총은 두뇌가 만들어냈다. 왜 만들었을까? 간단하다. 심장을 보호하기 위해서다. 살기 위해서, 생명을 유지하기 위해 만들었다. 두뇌는 끊임없이 외부의 위험으로부터 심장을 보호하려고 애쓴다.

머리가 아닌 마음(하트)으로 얘기하면 정말 간단하다. 복잡한 계산을 하지 않아도 된다. 좋은지 싫은지, 원하는지 아닌지가 관건이다. 인간관계도 간단해지고 대화도 명료해진다. 그래서 나는 내담자들을 치료할 때 늘 강조한다. 머리로 말하지 말고 하트로 말하라고. 굳이 복잡한 두뇌를 동원하지 않아도 얼마든지 소통할 수 있다고. 인간은 그렇게 똑똑하지도 않지만 똑똑하지 않아도 충분히 잘 살 수 있는 존재라고.

인간은 부분적인 존재다. 부분적이란 한쪽으로 치우친다는 뜻이다. 늘 자신이 옳다고 여기는 사람이 있다. 옳은 것을 절대 선으로 여기는 사람은 옳고 그름에만 집중한다. 그래서 입만 열면 뭐가 옳은 것인지 뭐가 나쁜 것인지 설교를 한다. 자신이 정한 옳음에 속하는 사람은 선하고, 그렇지 않은 사람들은 다 나쁜 놈이다. 게을러도 나쁜 놈, 우유부단해도 나쁜 놈, 허약해도 나쁜 놈이다. 그렇게 옳은 것을 계속 주장하다 보면 나도 상대방도 피곤해진다. 자신의 옳음을 주장하면서도 상대방이 힘들어하면 잠시 쉬게 해줄 수도 있는데, 그게 용납되지 않는다. 이런 사람들은 여유가 없고 다른 여지를 두지 않는다. 여지를 두면 스스로 무너질까 봐 두려워서다. 그 두려움이 스스로를 더욱 옳은 것에만 집착하는 부분적인 사람으로 만든다.

예를 들어 직업군인인 아버지 밑에서 자란 자녀들은 엄한 아버지 때문에 상처를 받는 경우가 많다. 아버지는 직장에서 요구되는 규율을 집에서도 적용해 가족을 정서적으로 질식시킨다. 그렇지만 스스로는 그

것이 옳다고 믿기에 타협하지 않는다. 아들이 밤늦게까지 게임에 몰두하거나, 해가 중천에 뜨도록 늘어지게 자는 꼴을 못 본다. 밤새도록 공부한 아들을 새벽부터 일으켜 세워서 구보를 하게 한다. 말꼬리를 흐리며 애매모호하게 얘기하는 딸에게도 군인처럼 절도 있게 말하도록 다그치고, 아버지가 귀가할 때는 현관 앞에 나와 큰 소리로 "잘 다녀오셨습니까?"라고 인사하도록 교육한다. 아들과 딸이 얼마나 스트레스를 받고 마음에 그늘이 생기는지는 안중에도 없다.

이런 성향의 사람이 여성일 경우에는 결벽증으로 나타날 수 있다. 깨끗한 것, 제대로 정리된 것에 집착해 집 안이 흐트러지는 것을 참지 못한다. 남편이나 자녀가 옷을 여기저기 벗어놓거나, 화장실을 더럽게 쓰는 꼴을 못 본다. 심한 경우 화장실 청소를 한 후 가족들이 쓰지 못하게 문을 잠가놓기도 한다. 조용히 청소하면서 집 안을 가꾸면 될 텐데 몰이꾼처럼 온 가족을 몰아대며 괴롭힌다.

이런 사람이 정치인이면 문제는 더욱 심각해진다. 홀로코스트나 킬링필드 같은 대참사 뒤에는 전체를 보지 못하고 부분적으로 치닫는 인간의 속성이 담겨 있다. 인간은 자신을 부분적인 존재로 받아들이고, 그 이면을 보기 위해 노력해야 한다. 정의를 외치는 내 이면에 약한 마음과 두려움이 있을 수 있다. 옳음을 주장하는 내 이면에 틀릴 수도 있다는 불안함이 감춰져 있을 수 있다. 이런 모순적인 모습이 전부 나인 것이다. 자신의 약하고 부족한 면을 받아들이면 다른 사람의 약함과 부족함도 받아들일 수 있게 된다.

차이를 인정하지 않으면 생기는 문제들

인간의 부분적 경향으로 인해서 생기는 문제는 정체성과 관련이 있다. 복잡한 현실을 한꺼번에 다 경험할 수 없기 때문에 사람들은 취할 것이 무엇이고 버릴 것이 무엇인지를 선택할 수밖에 없게 된다. 이러한 선택이 모여 자신이 누구인지를 정의하는 정체성이 형성된다. 자신이 누구인지, 무엇을 좋아하는지, 어떤 방향으로 삶을 살고 싶은지 등이 결정된다. 정체성이란 부분적 존재가 삶의 방향성을 정하는 중요한 심리적 특성이다.

사람들은 각자 다른 정체성을 가지고 자신의 인생을 산다. 서로 다른 정체성은 서로에게 관심의 대상이 되기도 하고 호기심의 대상이 되기도 한다. 특히 학자들은 서로 다른 선택이 만들어내는 이러한 정체성을 연구하면서 인간의 보편적 특성을 알아보려 한다. 서로를 알고 싶어하는 호기심, 인간의 보편성에 관한 연구 등은 모두 서로의 차이를 인정하기 때문에 이루어질 수 있다. 차이를 인정하지 않으면 상대방에 대해서 호기심이 생기는 것이 아니라 자신과 같은 사람으로 생각하거나 자신을 위한 도구로 사용하려고 한다. 인권 문제가 생기고 사람을 착취하는 도구적 입장에 서게 된다. 그렇기 때문에 이러한 불행을 막기 위해서는 자신은 어떤 사람인지 정체성을 확립하고, 이를 통해서 서로의 차이를 존중하는 관계를 만들어야 한다. 인간이 전체를 알 수 없는 부분적인 존재임을 수용해야 이런 관계가 가능하다.

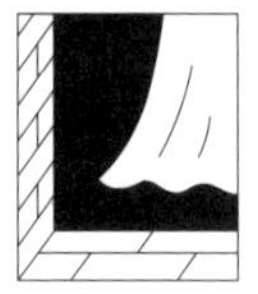

모순이 많은 존재

인간은 모순이 많은 존재다. 하지만 많은 사람이 이 사실을 인정하지 않으려고 한다. 『죽고 싶지만 떡볶이는 먹고 싶어』라는 책이 있다. 인간의 심리를 정확하게 표현한 제목이다. 죽음을 생각할 정도로 고통스러운데 떡볶이가 먹고 싶을 수 있는 게 인간이다.

우리는 모순적인 존재다. 남편이 밉다고 소리치는 아내도 속으로는 남편이 자신을 사랑해주기를 간절히 바란다. 자식한테 당장 집에서 나가라고 소리치는 부모의 마음에는 엄청난 사랑과 집착이 숨어 있다. 우리는 상처받기 쉽고 속 좁은 작은 존재이지만, 때로는 다른 사람을 위해 자신의 목숨을 버리는 위대한 일도 한다. 이런 상반된 것들이 공존하는 것이 인간이다. 이런 모순됨을 인정하면서 사는 것이 잘 사는 것이다.

어떤 사건이 생겼을 때 우리는 어떻게 해서든 자신의 입장을 합리화하려고 애쓴다. 부부싸움을 할 때나 자동차 접촉 사고가 났을 때 특히 이런 모습이 많이 드러난다. 양쪽 모두 자신이 옳다고 핏대를 세운다. 나는 옳고 상대방이 틀렸다고 한다. 나의 주장에도 모순이 있을 수 있는데 잘못은 상대방에게만 있다고 한다. 모순적이고 잘못한 사람이 되는 것에 대한 두려움과 손해 보기 싫은 이기심이 깔려 있다. 약하고 작은 내가 그 안에 있다.

우리는 모순을 드러내지 않고자 때로는 나도 속이고 남도 속인다. 남을 속이는 것도 문제이지만 나 자신을 속이는 것은 더 심각한 일이다. 나 자신과의 연결이 끊어지기 때문이다. 자기를 받아들이는 수용에서 가장 중요한 것이 바로 내면의 자신과 연결을 유지하는 것이다. 그 연결이 끊어지면 자신이 아닌 다른 사람으로 불안하게 살거나, 엉뚱한 목표 지점을 향해 허겁지겁 달려간다. 늘 전전긍긍하며 살게 된다.

자동차 접촉 사고가 났을 때 자신의 잘못을 순순히 인정하면 의외로 큰 소란 없이 처리되기도 한다. 부부싸움도 마찬가지다. 자신의 잘못을 인정하면 상대방도 화가 쉽게 가라앉는다. 자기를 받아들인다는 것은 이렇듯 약하고 모순적인 나를 받아들이고 인정하는 것이다.

강하게 윽박지르면서 떨고 있는 남자

여성의 겉과 속이 다른 주제는 남성에게서는 힘의 주제로 나타난다. 나는 종종 분노 조절 강의를 하면서 남자들의 힘의 주제를 언급한다. 화와 분노의 감정은 힘을 그 이면에 깔고 있다. 화를 내는 사람들은 자신이 얼마나 강력한 존재인지를 드러내려고 한다. 남편이 아내에게 화를 낸다면 자신이 얼마나 강한 사람인지를 아내가 알아주기를 바란다는 얘기다. 그런데 현실에서는 오히려 아내가 더 화를 내는 경우가 종종 있다.

이렇게 힘이 통하지 않으면 남편은 더 크게 화를 낸다. 왜 그럴까? 힘은 본질적으로 영향력이다. 화를 내는 것은 다른 사람에게 영향력을 미치기 위해서다. 예를 들어보자. 남편이 아내에게 빨리 밥을 달라며 화를 냈다. 아내가 남편이 원하는 대로 밥을 빨리 주면 남편의 화는 풀린다. 배고픔을 해결했기 때문이라고 할 수도 있지만, 남편이 영향력을 행사했는데 아내가 영향을 받았기 때문이라고 할 수도 있다. 어느 쪽이 정답인지 확인할 방법이 있다. 만일 아내가 밥을 주되 톡톡거리면서 가져다준다면, 남편은 여전히 화를 낼 것이다. 배고픔의 문제가 아닌 영향력의 문제이기 때문이다. 아내가 톡톡거리면서 남편의 영향력을 무시하고 있기 때문이다.

남자들은 화를 통해서 자신이 힘이 있는 존재임을 보여주고 싶어 한다. 대부분의 남자들이 그렇다. 이유는 간단하다. 스스로 그렇지 못하다고 생각하고 있기 때문이다. 남자의 화는 속으로는 떨고 있으면서 겉으로는 강한 척하는 모습이다. 여자는 예쁜 척, 고상한 척을 하지만 남자는 강한 척을 하고 산다. 이게 인간의 모습이다. 앞에서 언급했듯이 감정을 가지고 있는 모든 존재는 상처받기 쉬운 연약한 존재다. 남자고 여자고 할 것 없이 인간은 모두 감정을 가지고 있기 때문에 마음속에 아무도 모르는 두려움을 가지고 산다. 이런 두려움으로 인해 겉과 속이 다르게 '척'을 하며 산다.

남자는 자신이 약하면서 강한 존재인 모순을 인정할 때 통합된 사람으로 살 수 있다. 스스로 강하기만 한 존재라든지 아니면 한없이 약하고 모자란 사람이라고만 생각을 한다면, 인간의 본성에 대해서 제대로 인식을 하지 못한 상태다. 인간은 상황에 따라서 약해질 수도 있고 강해질 수도 있는 본질적으로 모순적 존재다. 남자들이 자신의 강함을 표현하는 분노와 화가 자신이 얼마나 약한 존재인가 말해주는지를 인식해 갈 때, 통합된 존재로 살아갈 수 있는 가능성이 열린다. 강한 사람에게 비굴해지거나 약자를 한없이 무시하는 사람이 아니라 강자를 동정할 수도 있고 약자를 두려워할 줄 아는 사람으로 살아갈 수 있다.

살려고만 하면 불안해지는 인간의 삶

나는 불안, 염려, 초조, 걱정, 두려움, 무서움, 공포, 공황장애 등과 같은 증상을 겪는 수많은 내담자를 상담해왔다. 이들은 모두 불안장애를 겪는 사람들인데, 자신이 원하는 대로 살려고 하는 공통점이 있다. 불안장애를 겪는 사람들은 다른 사람들이나 환경으로부터 해를 당하지 않으려고 미래를 걱정한다. 이는 안전에 대한 욕구다. 안전을 확보하여 미래에 불행을 경험하지 않으려는 마음이 불안장애를 일으킨다. 다시 말하면 안전하게 살려는 마음 때문에 불안해지고 두려워진다.

아이가 공부를 잘해서 좋은 대학에 가기만을 바라는 엄마는 아이가 공부를 하는지, 안 하는지에 대해서 민감해질 수밖에 없다. 공부를 안 하고 TV를 보고 있으면 금방이라도 미래가 잘못될 것 같은 마음이 들어서 아이를 야단치고 공부를 하게 만든다. 이런 일이 오랫동안 반복되면 아이는 나중에 반항심이 생기거나 우울해진다. 공부를 시켜서 미래를 밝게 만들어주고 싶었던 엄마는 오히려 아이 자체를 잃어버리게 된다. 얼마나 모순인가? 그래서 이런 엄마들은 나중에 억울해하면서 이렇게 항변을 한다. "내가 너를 잘되게 하려고 그런 건데, 너는 왜 그걸 모르니?" 이런 사람들은 잘되게 하는 쪽으로만 생각하고 그쪽으로만 아이를 밀어 넣으려고 한 자신에 대해서는 잘 모른다. 자신이 무엇을 하고 있었는지, 자신이 하고 있는 일이 무슨 결과를 낳는지, 그리고 왜 이렇게 아이가 자신에 대해서 분노를 터뜨리는지 알지 못한다. 그러니 자신도 불행하고 아이도 불행할 수밖에 없지 않은가?

불안장애를 겪는 사람들은 삶의 모순적 원리를 알아야만 마음의 평화를 누릴 수 있게 된다. 불안해하는 사람들은 현재의 삶에서 죽여야 할 것과 살려야 할 것을 선택해야 한다. 잘 살기 위해서는 죽여야 하는 것이 있다. 엄마는 아이가 TV를 보고 있으면 아이를 잘 키우려는 자신의 마음을 다스리고 달래야 한다. 자신의 마음을 달래는 일은 언제나 자신이 원하는 것을 내려놓는 마음 죽이기다. '그래, 공부를 잘 못해도 아이가 건강한 것이 중요하지!', '공부를 못해도 다른 아이들과 잘 지내는 것이 더 중요하지!', '공부만 길이 아니지, 다른 길도 얼마든지 있지!' 등과 같은 마음 바꾸기는 자신의 마음속에 있는 공부를 통한 성공이라는 마음을 죽이지 않으면 가능하지 않다. 원하는 것을 내려놓지 않으면 마음의 여유, 즉 공간이 없다. 그래서 아이를 자신이 원하는 대로 만들려고 한다. 이렇게 하면 아이는 정체성이 없는 사람이 될 수 있다. 공부를 시키려다가 아이의 마음, 즉 영혼을 무너뜨리는 끔찍한 일을 하게 된다.

증명의 모순

나는 대학에서 수학을 전공하면서 수많은 수학 문제를 풀며 증명하는 삶을 살았다. 이렇게 증명을 하면서 어느 날 생각하게 됐다. '나는 왜 이렇게 증명하면서 살고 있는가?' 이 질문은 나를 참 곤란하게 만들었다. 증명해야 할 사람이 왜 증명하는지에 대해서 또 다른 증명을 요구하는 상황이었으니 말이다.

수학적으로 증명을 할 때 참인지를 묻는데, 이는 거짓일 가능성도 있음을 전제로 한다. 증명의 달인이 수학자인데, 이들은 모두 틀릴 가능성에 발을 딛고 사는 사람들이란 얘기다.

이 생각을 통해서 나는 어느 날 알게 되었다. 모든 증명은 거짓을 전제로 하고 있다는 점을. 이 점을 깨닫고 난 뒤 나는 정말 깜짝 놀랐고, 세상이 다시 보이기 시작했다. 모든 학문의 기초가 수학인데, 수학이 서 있는 근거가 거짓이라니 얼마나 놀라운 일인가? 그렇다. 인간이 증명하려고 하는 이유는 자신이 틀렸을지 모른다는 생각 때문이다.

증명과 참·거짓으로 이어지는 순환고리는 결국 인간이 모순적 존재임을 말하고 있다. 인간은 자신이 옳다는 증명을 하는 순간, 틀릴 수 있는 가능성을 열어놓게 된다. 인간은 영원히 옳을 수도 없고 영원히 틀릴 수도 없다. 그럼에도 불구하고 인간은 끊임없이 자신을 증명하려고 한다. 증명을 통해서 자신이 얼마나 옳은 사람인지, 그리고 얼마나 강력한 존재인지를 보여주고 싶어 한다.

이렇게 자신을 증명하는 사람들은 그 마음속에 자신이 틀렸을지 모른다는 불안감이 숨어 있다. 대표적 예가 강박증이다. 그들은 끊임없이 자신이 손을 씻었는지, 문을 잠갔는지, 다른 사람에게 실수를 하지 않았는지 확인하려고 한다. 몇 번씩 확인을 해도 확실하게 증명이 되지 않기 때문에 급기야는 정신적으로 증상을 일으키게 된다.

요즘 코로나19 때문에 전 세계인이 열심히 손을 씻고 있다. 바이러스를 없애기 위해서다. 덕분에 감기 환자도 줄어들고 있다고 한다. 그러나 바이러스나 세균이 전혀 없는 무균 상태는 인간의 면역 체계를 약화시킨다. 세균에 적절하게 노출되어야 면역 체계가 세균과 싸우면서 항체를 만들어낸다. 이렇게 하면서 인간은 세균과 공존할 수 있는 역량을 갖추게 된다.

마찬가지로 사람이 전혀 실수를 하지 않으면 성장할 수 없게 된다. 수많은 실패를 맛본 에디슨이 "실패는 성공의 어머니"라는 유명한 말을 남기지 않았던가? 인간은 실패를 통해서 성공을 하고, 성공한 사람들은 실패할 가능성을 염두에 두고 있어야 한다. 실패를 하지 않으려고 하면 할수록 더 큰 실패를 할 가능성이 높아진다.

인간은 실패를 할 수 있는 존재, 그리고 틀릴 가능성이 많은 존재임을 수용하면, 굳이 자기가 옳다고 증명할 필요가 없어진다. 그럼에도 실패할 수 있는 존재, 틀릴 수 있는 존재로 자신을 수용할 수 없는 이유는 두려움 때문이다. 실패하면 틀린 인간, 그리고 잘못된 인간이라는 공식이 자리를 잡고 있기 때문이다. 사람들은 틀린 인간, 그리고 잘못된 인간이 되지 않기 위해서 발버둥을 치면서 살아간다. 참으로 불쌍한 존재다. 늘 긴장하고 두려움에 떨면서 자신의 존재를 증명해야 하니 말이다.

나는 내담자들에게 종종 이야기한다. "당신 자신의 존재를 증명할 필요가 없습니다. 자신이 가지고 있는 능력은 확인받을 필요가 있지만 존재로서는 생긴 대로 살면 됩니다"라고 말이다. 인간은 때로 틀리기도 하고 맞기도 한다. 이 영역에서는 맞는 삶을 살기도 하고 저 영역에서는 틀린 삶을 살 수도 있다. 인간 존재 자체가 그렇다. 그 때문에 어떤 영역에서 자신이 옳다고 해도 너무 자만하지 말아야 한다. 그렇지 않으면 자신보다 더 맞는(옳은) 사람 앞에서 주눅이 들고 자신보다 틀리는 사람을 미워하면서 차별하게 된다.

흔들리지 않고 피는 꽃이 어디 있으랴

인간은 모순된 존재이므로 "왜 지난번과 말이 다르냐, 사람이 앞뒤가 다르다, 내가 옳고 네가 틀렸다"라면서 시비를 거는 상대에게 이렇게 말할 수 있을 것이다. "미안하다, 내가 마음이 바뀌었다. 지난번에는 그 마음이었는데 이번에는 이 마음이다. 내가 앞뒤가 좀 달라지기도 한다." 그러면 오히려 서로가 옳음을 주장할 때보다 훨씬 일이 수월하게 풀릴 수 있다. 물론 대가를 치러야 할 때도 있겠지만 말이다. 사람은 말할 때마다 마음이 달라지는 존재고 앞뒤가 다른 존재다.

흔들리고 변하는 게 인간의 마음인데 많은 사람이 자기만 그렇다고 생각한다. 남들은 다 멀쩡한데 나만 이렇게 마음 중심을 잡지 못하면서 이랬다저랬다 하나 싶어 열등감을 느낀다. 그래서인지 상담실에 찾아와서 당당하게 살고 싶다고 호소하는 사람들이 많다. 주로 여리고 예민한 사람들이다. 여리고 예민한 사람들은 주변의 영향을 잘 받기 때문에 쉽게 움츠러든다. 그래서 자신의 주장을 굽히지 않고 지켜나가는 묵직하고 든든해 보이는 사람을 좋아한다. 움츠러들 필요 없다. 묵직한 사람도 흔들리고 철옹성 같은 사람도 흔들린다. '나는 흔들리지 않는 사람'이라고 생각하는 사람은 혼자 착각하고 있는 것이다.

다른 사람의 성격이 눈에 보이지 않으니 자신의 성격에 대해서만 열등감을 갖기 쉽다. 하지만 큰 의미에서 보면 성격의 차이는 그리 크지 않다. 작은 원 같은 인생 안에서 즐거워도 했다가 불쾌해하기도 하면서 엎

치락뒤치락 그렇게 사는 게 인생이다. 그러니 남들이 흔들리지 않고 사는 것 같은 모습에 속지 말자. 속으로는 그 사람도 멀미를 할 정도로 심하게 흔들리면서 살고 있는지도 모른다. "흔들리지 않고 피는 꽃이 어디 있으랴"라고 누군가 말했다. 상처받기 쉽고 쪼잔하고 무지하며 모순이 많은 우리 인간은 흔들리면서 사는 존재다.

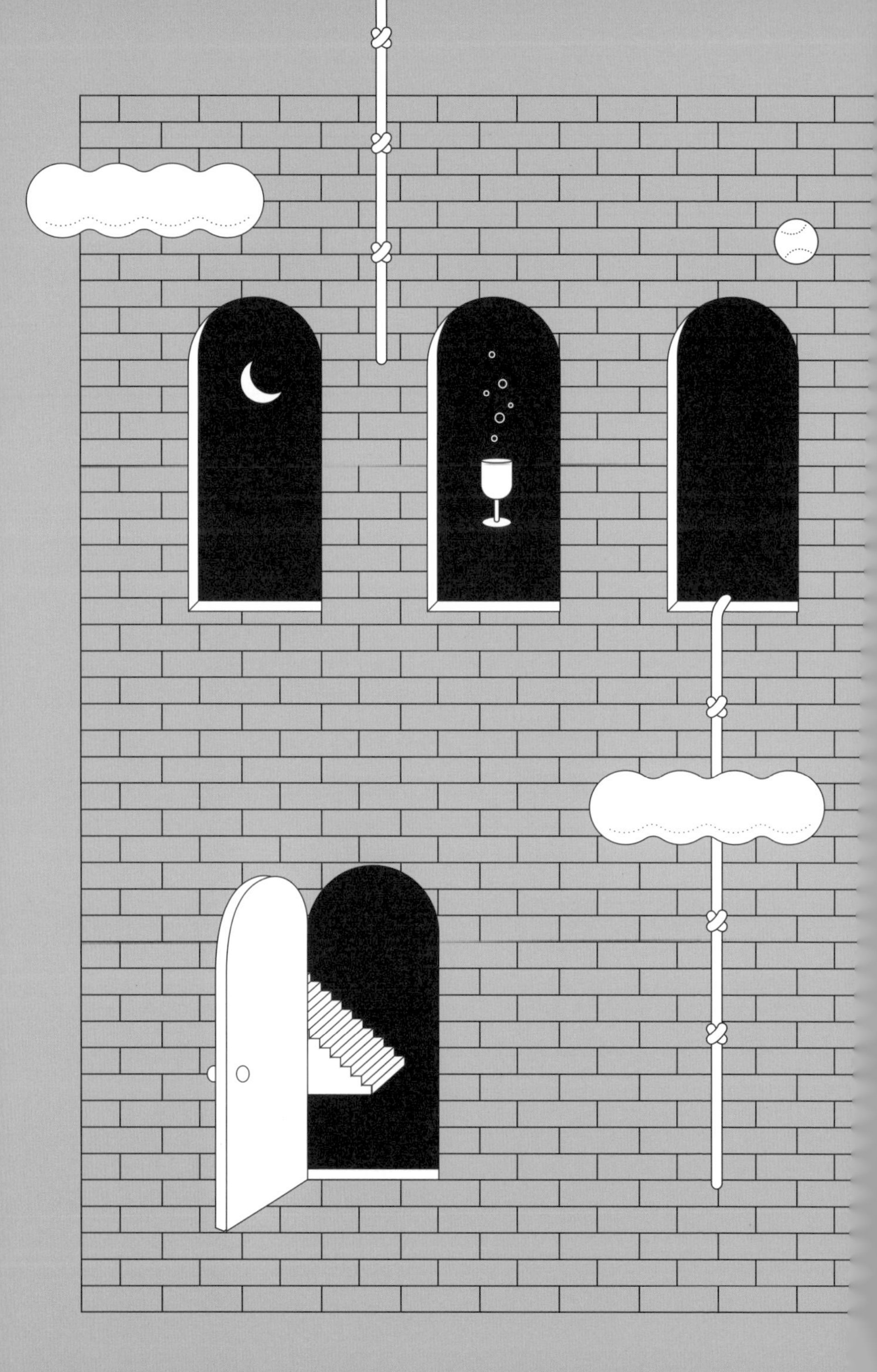

3장

불완전한 대로 잘 살기

06

나를 수용하는 방법

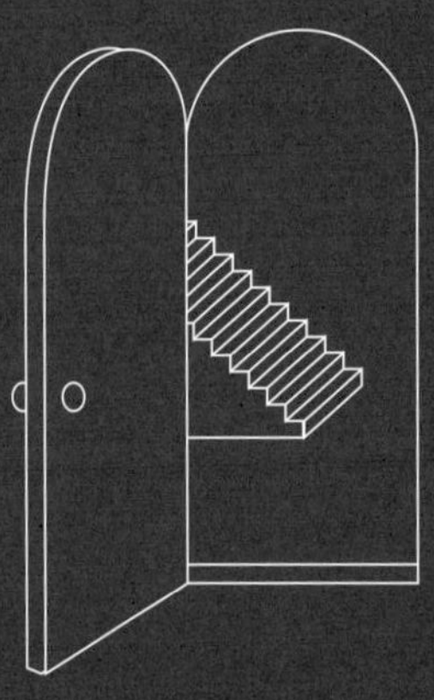

자기수용을 하기 위해서는 여러 심리적 단계가 필요하다. 마음만 바꿔 먹는다고 수용이 바로 이루어지지는 않는다. 내 마음을 천천히, 그리고 깊이 들여다보는 여러 단계의 과정이 필요하다. 어느 과정은 쉽게 이루어지기도 하지만 그렇지 않은 과정도 있다. 어려운 과정에는 전문 상담가의 도움이 필요하다. 하지만 우리가 일상에서 느끼는 소소한 갈등은 혼자 힘으로도 충분히 해결할 수 있다. 그러나 분명한 것은 수용을 하기 위해서는 꾸준히 노력해야 한다는 사실이다. 전문 상담가의 도움을 받더라도 꾸준한 노력이 필요한 것은 마찬가지다. 자신을 인식하고 수용하는 습관은 스스로 만들어가는 태도이기 때문이다.

이제 앞의 여러 사례에서 살펴보았던 자기수용 과정을 클로즈업하여 좀 더 자세히 소개하려고 한다. 어떻게 하면 나를 수용할 수 있는지 독자들이 좀 더 쉽게 접근할 수 있도록 그 과정을 살펴보았다. 책을 읽으며 자신을 살펴보면서 내가 진짜 아팠던 것, 힘들었던 것, 원했던 것은 무엇이었는지 미처 몰랐던 자신을 발견하며 수용해가는 과정이 되면 좋겠다.

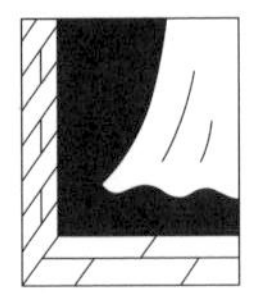

밖으로 향하던 시선을 나에게로 돌리기

우리는 매 순간 감정이 보내는 신호를 받는다. 뛸 듯이 기쁠 때가 있고, 슬플 때도 있고, 화가 나거나 짜증이 날 때도 있다. 이 모든 것이 내 속에 살아 있는 감정의 신호다. 그런 신호 가운데 부정적인 느낌은 불편한 느낌, 불쾌한 느낌, 거슬리거나 불안한 느낌 등이다. 하지만 우리는 이런 감정의 신호를 제대로 알아채지 못한 채 무심하게 지나칠 때가 많다.

일반적으로 사람들은 이런 느낌이 들면 무시하거나, 친구들과 수다를 떨거나, 영화를 보거나, 여행을 떠나 기분 전환을 하려고 애쓴다.

그런데 그런 기분 전환은 일시적인 효과를 볼 수는 있지만 근본적인 문제를 해결하지는 못한다. 다시 현실로 돌아왔을 때 똑같은 부정적인 감정에 시달리기 때문이다. 엄밀하게 말하면 이것은 현실 회피다. 그러므로 내 속에서 부정적인 감정이 올라왔을 때 그 신호를 잡아서 잘 살펴보는 자세가 중요하다.

우리의 내면에 해결되지 않은 상처나 문제는 언젠가 반드시 감정적인 반응으로 나타난다. 작은 일에도 서운하고 슬프고 화가 난다. 상처로 인해 생긴 버튼이 눌러지기 때문이다. 내면이 건강한 사람은 이런 버튼이 적어서 외부로부터 자극이 와도 버튼이 자주 눌리지 않는다. 피부가 건강한 사람은 누가 툭 쳐도 아무렇지도 않다. 하지만 몸에 종기와 같은 상처가 많은 사람은 옆 사람의 팔이 쓱 스치기만 해도 고통 때문에 비명을 지른다. 이렇듯 내면에 분노와 억압이 많은 사람들은 버튼이 많아서 불같이 화를 내거나 감정 표출을 하는 일이 잦다. 일종의 아프다는 비명이다. 과도하게 화를 내는 행위는 상처받았음을 알리는 감정적 신호다. 소극적인 사람들은 스스로 마음의 문을 걸어 잠그고 우울로 가기도 하지만, 외향적인 사람들은 주로 외부로 화살을 돌리며 화를 폭발시킨다.

나에게 어떤 일이 일어나고 있는지 알아채기

기분이 나쁘거나 다른 사람의 행동이 거슬리거나 불쾌한 감정이 들면, 내가 지금 다른 사람이나 나의 상황을 수용하지 못한다는 의미다. 자신의 현실을 수용하지 못할 때 사람들이 흔히 보이는 행동의 패턴들이 있다. 과잉행동과 축소행동이다.

과잉행동은 부정적인 감정이 올라왔을 때, 이것을 원래의 크기보다 몇 배 더 부풀려서 심각하게 받아들이는 행동이다. 실제 감정의 강도가 20 정도인데 100이나 200으로 부풀려서 받아들이면 이는 과잉행동이다. 작은 일에도 이렇게 지나칠 만큼 심각하게 반응하면 본질적인 감정의 신호를 놓칠 수가 있다.

한 남자가 아침에 출근할 때 아내로부터 잔소리를 들어서 마음이 불편했는데, 직장에서 상사한테 지적을 당했다고 하자. 이때 남자는 자신도 의식하지 못한 채 불편한 감정을 엉뚱한 방향으로 증폭시킨다. '오늘 정말 재수가 없네. 맞아. 내가 정말 재수가 없는 사람이야. 그러고 보니 저 상사는 처음부터 나를 미워하는 것 같았어. 저 상사가 혹시 사장님한테도 내가 무능하다고 말하지 않았을까? 이러다가 직장에서 쫓겨나면 어쩌지? 그럼 뭘 먹고 살지? 아파트 전세금 대출을 못 갚아서 쫓겨나는 거 아니야? 그럼 길바닥에 나앉을 텐데……. 그렇게 되면 마누라는 당장 이혼하자고 하겠지?' 생각에 생각을 부풀려서 결국 노숙자가 되어 서울역 앞에 초라하게 앉아 있는 자신을 상상하며 우울해하게 된다. 자신의 현실을 지나치게 부풀려서 생각하는 과잉행동적 사고의 예다.

축소행동은 반대로 '아무것도 아니야, 별일 아니야' 하면서 올라온 부정적인 감정을 축소하는 행동이다. 혹은 '안 그런 사람이 어딨어? 다 그렇게 사는 거지'라며 일반화해 많은 사람들 속에 자신을 숨기는 행동이다.

내담자들 중에는 이런 행동을 보이는 사람들이 많다. 그래서 나는 이런 행동을 하지 않도록 '머리 흔들지 말기'라는 것을 만들었다. '별거 아니야' 하면서 고개를 절레절레 흔드는 행동에서 따온 것이다. 이렇게 자신에게 올라온 감정의 신호를 반복적으로 무시하면, 언젠가는 걷잡을 수 없이 폭발하는 순간이 찾아온다. 무시당하고 억눌린 감정은 사라지지 않고 살아 있기 때문이다.

과잉행동과 축소행동의 대가

과잉행동과 축소행동에는 반드시 대가가 따른다. 여러 좋지 않은 증상과 다른 사람과의 갈등이 그 대가다.

과잉행동의 증상은 실제의 자신보다 더 크게 보이고 싶어 과장되게 부풀리는 모든 행동을 말한다. 허풍 떨기, 구원자 되기, 도도한 태도 보이기, 쌀쌀맞게 대하기, 남을 깔보기, 센 척하기, 잘난 척하기, 아는 척하기 등의 행동이 여기에 속한다.

과잉행동을 하며 겪게 되는 증상으로는 기분 나쁜 느낌, 허전하고 공허한 느낌, 남들이 알까 봐 불안하고 두려운 마음, 자신과 비슷한 처지에 있는 사람 밀어내기, 가만히 있는 상대방을 미워하는 마음, 갑자기 치밀어 오르는 분노, 한번 화가 나면 주체 못 하는 것, 수시로 불특정 다수를 향해 화내고 자신보다 잘나가는 사람 질투하기, 힘든 것을 말로 표현하지 못해서 손발이나 입술이 떨리는 것, 틱(tic)장애, 뻐근한 어깨, 심장 통증, 손발 저림, 소화 불량, 잦은 설사 등이 있다.

다른 사람과의 갈등 상황에서 나타나는 과잉행동은 다음과 같다. 고함을 치면서 다른 사람을 지배하려는 행동, 작은 것도 양보하지 않는 행동, 지하철에서 자리다툼을 하는 행동, 평등과 공평을 앞세워 상대방을 판단하거나 끝까지 복수하기, 사소한 일에 목숨 건 사람처럼 싸우기, 강자에게 비굴하고 약자 괴롭히기, 터무니없는 주장으로 사람들을 질리게 만들기 등이다.

축소행동은 현재의 자신보다 더 작게 만들어서 현실을 벗어나거나 회피하려는 행동이다. 예를 들면 쉽게 위축되기, 비굴하게 굴기, 비위 맞추기, 눈치 보기, 희생양 되기, 불쌍해 보이기, 울기, 매달리기 등이 있다.

축소행동 역시 개인적인 증상과 대인관계의 갈등이 있다. 개인적인 증상으로는 작은 일에도 깜짝깜짝 놀라고, 혼자 있으면 몹시 불안하기에 모든 것을 자신의 탓으로 돌리며, 한 번만 사과해도 될 일을 여러 번 반복적으로 사과하고 작은 실수에도 죽을죄를 지은 사람처럼 행동하기 등이 있다. 악몽을 자주 꾸고, 실수를 하면 잠을 못 자고 어떻게든 만회하려고 생각하거나, 자주 몸이 아파서 결근하거나 시름시름 앓고 소화 불량과 잦은 설사 증상, 작은 실수에도 죽고 싶은 마음이 드는 우울증, 때로는 해리 증상과 망상 증상까지 나타나는 경우도 있다.

대인관계 갈등으로는 다른 사람을 질리게 만들기, 다른 사람이 부담을 느껴서 피하게 만들기, 상대방이 조금만 싫어할 것 같으면 울기, 지나치게 죄책감 느끼기 또는 다른 사람이 죄책감을 느끼게 행동하기, 다른 사람을 졸졸 따라다니면서 피곤하게 만들기, 버림을 받을까 봐 노심초

사하면서 상대방을 주시하기, 무조건 잘못했다고 사과해서 상대방을 어처구니없게 만들기 등이 있다.

단지 텔레비전을 봤을 뿐인데

내담자 중에 자수성가한 K 씨가 있다. 그는 부모님이 일찍 돌아가시면서 할머니 손에서 가난하게 자랐지만, 열심히 공부해서 사법시험에 합격했다. 그는 검사로서 승승장구하다가 변호사가 됐고, 사회적으로 부와 명성을 거머쥘 수 있었다. 명문가의 아내를 만나서 행복한 가정을 이룬 그는 이 세상 그 누구도 부럽지 않았다. 그야말로 개천에서 용 나듯 크게 성공한 것이다. 그런데 생각지도 않은 불행이 찾아왔다. 하나뿐인 아들이 중학교에 입학한 후 적응을 못 한 채 계속 문제를 일으켰기 때문이다. 돈으로 할 수 있는 모든 지원을 아끼지 않았지만 아들은 공부에는 통 관심이 없었다. 문제 학생들과 어울려 다니며 사고를 일으켜 학폭위에 이름을 올리기도 했다. 어렸을 때부터 전교 1등 자리를 놓치지 않았던 K 씨로서는 상상도 할 수 없는 일이었다. 담임 교사는 아이가 계속 이런 식으로 문제를 일으키면 강제 전학을 시킬 수밖에 없다고 경고했다. 하지만 아들은 변화될 기미가 전혀 보이지 않았다. K 씨의 스트레스는 하늘을 찔렀다. 이후 우울증과 불면증 등이 찾아오면서 K 씨는 나에게 상담을 받게 됐다.

두뇌가 명석한 K 씨는 현실을 받아들이지 못한 채 종종 과잉행동적 사고에 빠지곤 했다. 예를 들어 아들이 내일 시험인데 텔레비전을 보면서 시시덕거리고 있으면, K 씨는 암담한 느낌에 빠졌다. 그러고는 과잉행동으로 넘어가면서 아들이 학교에서 쫓겨났을 때의 상황을 상상하게 된다. '저러다가는 학교에서 쫓겨날 텐데, 주변에 있는 다른 학교에서도 안 받아줄 수도 있는데, 그러면 지금 살고 있는 동네에서 떠나야 하나? 대체 주변 지인들이나 친구들에게 뭐라고 말해야 하지? 아들이 고등학교도 못 가게 되는 건 아닐까? 그럼 직장도 못 구할 텐데 뭘 해서 먹고 살지? 내가 못난 아들을 끝까지 책임져야 하나? 내가 죽게 되면 아들은 어떻게 되지?' 아들이 시험공부를 하지 않고 텔레비전을 보는 광경을 봤을 뿐인데, 아들의 인생이 끝난 것처럼 상황을 해석해 스스로 몹시 우울해지고 극도의 스트레스를 받게 되는 것이다. 이런 과잉생각에 빠지게 되면 본질적인 자기 자신을 만나기가 매우 힘들어진다.

관점 전환은 생각보다 어렵다

K 씨가 이렇게 스트레스를 받는 것은 무엇 때문일까? 아들의 장래를 걱정하고 주변의 시선을 신경 쓰기 때문이다. 그는 '나와 아들이 다른 사람들의 기대를 충족시키지 못하면 어떡하지?'라는 염려와 걱정, 두려움을 가지고 있다. 많은 사람들이 자기 자신의 생각보다는 '다른 사람들

이 나를 어떻게 생각할까?', '남들에게 인정을 받으려면 어떻게 해야 하나?' 등과 같은 생각에 빠져 산다. SNS에 예쁘게 포장된 일상을 공개하거나, 실제 형편 이상의 삶을 추구하는 것은 남들에게 인정받고 싶은 욕구의 표현이다.

다른 사람의 평가에 예민해지면, 정작 자신이 좋아하고 원하는 것에 대한 예민함이 떨어진다. 그러면 다른 사람과 소통을 할 때 문제가 생긴다. 자신의 의사를 명확하게 표현하지 못하고 우유부단하게 행동하다가 뒤늦게 딴소리를 하면서 남 탓을 하는 경우가 많아지기 때문이다.

타인 중심 지향을 자기중심 지향으로 바꾸는 것은 생각보다 어렵다. 타인에게 초점을 맞추고 살아온 사람들은 자신이 그렇다는 것을 자각하는 것 자체가 쉽지 않다. 그런 자신의 모습을 당연하고 자연스럽게 받아들이기 때문이다. 이런 사람들에게 "왜 그렇게 다른 사람을 의식하고 사세요?"라고 물으면 "내가 다른 사람을 의식한다고요? 누구나 다 그런 것 아니에요?"라는 반응을 보인다. 앞에서 지혜 씨가 상담 과정에서 그랬던 것처럼, 다른 사람이 다 그렇게 사니 자신은 아무 문제 될 것이 없다는 식이다. 자신의 문제를 일반화해서 문제를 무마하고 회피하는 행위를 하는 것이다. 이런 경우에 나는 종종 내담자들에게 "다른 사람에게 직접 물어보신 적 있어요?"라고 묻는다. 일반화를 종료시키면서 자신의 느낌에 집중하도록 하기 위해서다. 이런 질문을 받으면 내담자는 잠시 머뭇거린다. 다른 사람에게 "당신도 자기 생각보다 남의 생각에 더 집중하면서 삽니까?"라고 물어본 적이 없기 때문이다. 이때 처음으로 다른 사람과 자신의 생각이 다를 수도 있다는 생각을 하게 된다.

남들도 나와 같이 살 것이라 여겼는데 그렇지 않을 수도 있다는 생각이 들면 사람들은 잠시 멍해진다. 이런 것을 나는 '멍 현상'이라 부른다. 이전까지 당연하게 생각하던 방식이 멈춰 서면 아무런 생각도 나지 않고 무엇을 해야 할지도 모른다. 어떤 사람은 '하얘진다'고 하고 또 어떤 사람들은 '까매진다', '노래진다' 등과 같은 표현을 쓴다. 이 과정이 지나고 나면 지금까지 당연하게 여기던 것이 당연한 것이 아닐 수도 있다는 생각을 하게 된다. '멍해지는 상태'는 앞으로 모든 상황을 자신의 고정관념으로 일반화할 수 없게 됐다는 신호다.

'멍 현상'을 겪은 후에는 한동안 혼란기를 경험한다. 무엇을 어떻게 생각해야 할지 헷갈리면서 인지적인 혼란이 생긴다. 이전에 잘 안다고 생각했던 것들이 낯설어진다. 이때가 자신의 느낌이나 감정에 주목할 수 있는 좋은 타이밍이다. 자신의 감정과 느낌에 주목하다 보면 불안할 때마다 다른 사람을 보고 있는 자신을 보게 된다. 즉, 다른 사람이 나를 비난하거나 부정적으로 평가할까 봐 불안하고 두려워 다른 사람을 살피고 있음을 알게 된다. 결국 그토록 타인을 의식했던 이유가 '다른 사람의 부정적 평가를 싫어하는 나' 때문임을 알게 된다.

이런 자신의 모습을 볼 수 있다면 전문가의 도움을 받지 않고도 스스로 수용의 과정을 잘 밟아가고 있다고 할 수 있다. 그런데 아직 안심하기는 이르다. 불안과 두려움을 피하기 위해서 했던 행동들이 몸에 배어 있어서 다시 옛날로 돌아가려는 마음이 생길 수 있기 때문이다. 이런 현상은 자신이 유지하고자 하는 자신의 환상을 깨기가 두렵기 때문에 생긴다.

하지만 이미 '멍 현상'을 겪었기 때문에 돌아가려고 하는 마음에 브레이크가 걸린다. 익숙했던 과거 방식으로 돌아가려고 하지만 이미 이전의 것들도 낯설게 느껴지고 새로운 방식은 어색하고 두렵다. 진퇴양난에 빠진다. 변화의 과정 속에서 많은 사람들이 이 딜레마에 빠진다. 이 딜레마에서 벗어나려면, 고통을 유발하는 증상을 안고 예전으로 돌아갈 것인지, 아니면 수용의 길을 갈 것인지 선택해야 한다. 예전으로 돌아가는 쪽을 선택한다면 '알면서도 증상을 경험하는' 괴로움을 피할 수 없다. 이는 다람쥐 쳇바퀴 돌듯 무의미한 고통으로 자진해서 들어가는 길이다.

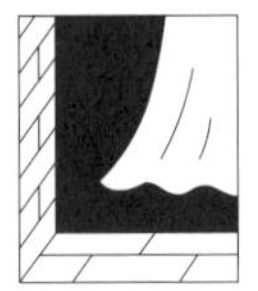

수용경험 갖기

수시로 과잉생각에 빠지는 K 씨를 상담하면서, 새로운 사실을 알게 됐다. K 씨가 자라면서 수용경험을 받아본 적이 거의 없다는 것이었다.

수용경험은 모든 사람에게 매우 중요하다. 사실 내가 내담자들에게 해주는 역할 중 하나는 깊은 공감을 통해 수용경험을 할 수 있도록 돕는 일이다.

수용경험을 많이 하지 못한 사람들은 다른 사람을 수용하기가 몹시 힘들다. 자신이 받은 게 없으니 남들에게 어떻게 수용경험을 주는지 알지 못하는 것이다. 당연한 수순이다. K 씨의 경우, 부모님이 일찍 돌아가시면서 제대로 된 수용경험을 가질 기회가 없었다. 가난한 할머니는 먹고사는 일에 급급했고 K 씨는 거의 방치된 상태에서 자랐다. 그럼에도 자수성가한 K 씨는 모든 것이 풍족한 아들이 공부를 못하는 것을 도저히 이해할 수 없었다. 그렇다 보니 아들에게 계속 "나는 안 그랬는데 너는 왜 그 모양이냐?" 하면서 야단치고 비난하게 되었고, 그러면 그럴수록 아들은 더 삐뚤어졌다. K 씨는 자신이 지금 어떤 악순환 속에 있는지 볼 수가 없다. 그저 자신의 기대에 못 미치는 아들이 한심하고 짜증스럽고 화가 날 뿐이다. 그런 K 씨의 태도 때문에 아들은 주눅이 들고 자존감이 더욱 낮아져서 공부에 대해 흥미가 떨어지는 연쇄 반응이 일어나고 있다는 사실을 알지 못했다. 결국 K 씨 본인이 원하지 않는 방향으로 아들을 몰아가고 있는 셈이다. K 씨는 물질적으로 아들에게 많은 것을 해줬지만, 정작 아버지와 아들 사이의 정서적 유대감은 줄 수 없었다. 그래서 아들은 그쪽 방면에서는 늘 허기진 채 외롭고 불행한 경험을 하며 살아야 했다.

수용경험이 적으면 수용하기 어렵다

K 씨처럼 자수성가한 사람들의 중요한 공통점 중의 하나는 정서적 수용경험이 적다는 사실이다. 오직 성공만을 위해서 다른 모든 것은 무시한 채 뼈를 깎는 노력을 하며 질주해왔기 때문이다. 이런 사람들에겐 실수가 용납되지 않는다. 실수는 곧 실패로 이어지고 그러면 자신의 모든 것이 무너진다고 생각한다. 지지받고 기댈 곳이 없는 입장이었으니 그럴 만도 하다.

수용경험이 적은 사람들은 이성을 만나서 데이트를 할 때도 문제가 생긴다. 연애는 나를 부분적으로 놓으면서 상대방과 동맹을 맺는 관계다. 그런데 나를 놓을 수가 없으니 쉽게 상대방에게 빠지지 못하고, 정서적 연결에 문제가 생긴다.

이런 사람들은 남에게 의존하는 것 자체를 두려워한다. 그러니 이성과 가까워지면 두려워서 도망쳐버린다. 새로운 사람을 만나도 마찬가지다. 사귀다가 자신의 경계선이 허물어질 것 같으면 도망쳐버린다. 본인 스스로도 왜 그런지 이유를 모르는 경우가 많다. 이유도 모른 채 실패경험만 반복하게 되니 결국 실망해서 자포자기해버리고 만다. 그래서 결국 사람이 아닌 일에 매달린다. 싱글로 남아 일 중독자로 사는 삶을 선택하는 사람 중에는 이런 유형이 적지 않다.

스스로 수용경험 만들기

수용경험은 주로 상담가를 통해서 이루어진다. 전문 상담가는 내담자가 본질로부터 도망치려고 하거나 길을 잃고 헤맬 때 본질을 향해 갈 수 있도록 이끌어주는 역할을 한다. 그래서 상담가는 내담자에게 계속 자신을 돌아볼 수 있는 질문을 한다. 그러므로 내담자에게 좋은 질문을 하는 상담가가 좋은 상담가다.

물론 상담가의 도움 없이 혼자서도 수용경험을 할 수 있다. 어떤 상

황에서 거슬리는 느낌이 올라오면 스스로에게 물어본다. '왜 지금 이런 거슬리는 느낌이 들지?'

여기서 한 걸음 더 나아가 자신이 지금 축소행동이나 과잉행동을 하고 있지는 않은지 돌아볼 수 있다. 여기까지만 해도 매우 훌륭한 자기 성찰을 하는 것이다.

앞서 등장했던 지혜 씨의 사례를 놓고 생각해보자. 지혜 씨는 프로젝트가 무산됐을 때 절망적인 마음이 들었다. 만약 지혜 씨가 그 순간 스스로 감정의 신호를 체크할 수 있었다면 어땠을까?

'내가 왜 이렇게 기분이 우울하고 절망스럽지? 그래, 공들여서 준비한 프로젝트가 무산돼서 그렇구나. 기대를 많이 했었는데, 목돈이 들어온다고 생각해서 기뻤었는데, 모든 게 무산돼서 실망했구나.'

그렇게 지혜 씨는 스스로 자신의 마음을 알아줄 수 있다. 만일 이런 식으로 자기 마음을 들여다보았다면, 친구의 "내 블로그 좀 만들어줄래?"라는 말 때문에 화가 나는 자신의 감정 신호를 더 쉽게 알아챌 수 있었을 것이다. '아, 내가 프로젝트 망친 일 때문에 화가 난 감정을 지금까지 갖고 있구나. 그래서 수경이가 잘사는 모습을 보면서 속상해하고, 수경이 말이 거슬리는구나' 하고 자신의 모습을 바라보고 깨닫게 된다. 사실 잠깐이긴 하지만 그런 질문은 굉장한 힘이 된다. 자신의 감정을 스스로 알아줌으로써 자신을 객관적으로 바라볼 수 있게 해주기 때문이다. 또한 감정에 함몰되지 않고 내 감정의 주인이 되어 통제할 수 있게 해주기 때문이다.

지혜 씨가 이런 깨달음이 있었다면 이후 더 이상 과잉행동으로 가지 않을 수 있었다. 집에 들어가서 남편과 아이의 모습을 봤을 때 짜증이 덜 날 수 있고, 엄마한테도 화를 내지 않을 수 있다. 그러므로 자신에게 묻는 이 과정은 매우 쉬우면서도 중요하다. 이런 깨달음이 없으면 기분 나쁜 감정에 휩싸여 부정적인 상황 속으로 휩쓸려 들어가 공황증세나 우울증으로까지 악화될 수 있다.

또 다른 상황을 상상해볼 수도 있다.

만약 친구 수경이가 "내 블로그 좀 만들어줄래?"라고 말했을 때, 그 자리에서 수경이에게 자신의 감정을 솔직하게 말하는 것이다.

"내가 지금 기분이 좀 우울해서 그런지 그 말을 들으니까 기분이 매우 상한다"라고 말했다면, 친구 수경이는 "그랬구나. 그럼 내가 준비한 맛있는 거 많이 먹으면서 기분 풀어"라고 말했을 것이다. 그러면 수경이와 몸싸움까지 하지는 않았을 것이다. 일반적으로 인간은 상대방이 먼저 약한 모습을 열어 보이면 적대감이 사라지고 측은지심이 생긴다. 감정이 공격 모드에서 공감 모드로 바뀌는 것이다. 공격은 상대방이 강자로 느껴질 때 자신이 공격을 당할까 봐 두려운 마음이 만들어내는 일종의 방어 행동이다.

물론 수경이가 "야, 아무리 그래도 그렇지. 종로에서 뺨 맞고 한강에서 눈 흘기냐? 기껏 잘해줬더니 왜 나한테 화풀이야? 그것도 내 생일날!" 하고 서운하다는 반응을 할 수도 있다. 그렇다고 해도 지혜 씨는 이미 말을 하면서 자신의 감정 신호를 알아챘기 때문에 "그러게. 미안하게 됐다"라고 말할 수도 있다.

얼마나 놀라운 일인가! 내가 스스로 하는 질문 하나가 이렇게 큰 위력을 발휘하다니. 더 나아가 나의 인생을 바꿀 수도 있는 것이 생각과 말의 힘이다. 선택의 기로에서 어떤 반응을 보이느냐에 따라서 인생이 달라질 수도 있다. 스스로에게 질문하는 이런 훈련이 익숙해지면 모든 행동이 신중해지고 사람 자체가 바뀐다.

주변 사람 도움받기

만약 스스로 하는 방법이 조금 어색하고 어렵게 느껴진다면, 주변 사람들의 도움을 받을 수도 있다. 주변 사람이라면 가족, 친구나 동료, 선배 등이다. 예를 들어 지혜의 경우라면 친구 정현의 도움을 받을 수 있었을 것이다.

정현이의 차를 타고 수경이네 집으로 향할 때, 자신이 방금 당한 상황과 기분에 대해서 말했다면 어떻게 됐을까.

"나 오늘 정말 우울해. 오랫동안 준비했던 프로젝트가 망했어. 그래서 기분이 완전 바닥이야"라고 솔직하게 말하고 나면 자신의 모습을 훨씬 객관적으로 바라볼 수 있게 된다.

"그랬구나. 정말 속상했겠다."

"난 왜 이렇게 되는 일이 없나 몰라."

"무슨 소리야? 너 너무 멀리 가는 거 아니야? 경력 단절 속에서 프리랜서로 일할 수 있다는 것 자체가 이미 넌 능력자라는 얘기야."

이런 대화를 나누면서 수용경험을 할 수 있다. 친구에게 공감받는 것으로 우울했던 감정이 빠진다. 그러면 마음에 여유가 생기고 자신의 감정을 좀 더 객관적으로 알아챌 수 있다. 그렇게 되면 '내가 너무 과잉반응을 했구나'라고 자신을 바라볼 수 있게 된다.

그런데 현실에서 보면 친구들로부터 수용경험을 받는 것이 그리 쉬운 일은 아니다. 도리어 친구가 축소행동과 과잉행동을 부추길 수도 있다.

"짜증이 난다고? 신경 쓰지 마. 별거 아니야. 누구나 다 그러고 살아. 가서 맥주나 한잔하면서 기분 풀어" 하면서 도리어 감정의 신호를 캐치하지 못하도록 방해를 할 수도 있다. 물론 악의적으로 그러는 것은 아니겠지만, 수용경험이 필요한 사람의 입장에서 보면 안타까운 노릇이다.

그러므로 친구가 어느 정도 마음 다루기에 대한 기초지식이 있어야 이런 순간에 본질을 찾아가도록 도와줄 수 있다. 부부지간에는 이런 종류의 대화를 나누는 것이 몹시 어렵다. 대부분 불쾌하거나 거슬리는 행동의 당사자가 배우자인 경우가 많기 때문에, 그 불쾌한 감정을 표현하고 파고들면 들수록 상대방의 입장이 어려워질 수 있다. 그래서 결국 서로 뇌관을 건들지 않는 선에서 회피하는 경향이 있다.

결국 수용경험은 개인이 스스로 질문을 하는 방식이 가장 쉽고 좋은 방법이다. 이런 방식을 습관화하기 위해서는 꾸준히 훈련을 해야 한다. 훈련이 되어 있지 않으면 감정이 밀어닥치는 순간에 질문이 떠오르지 않는다. 특히 다른 사람이 나를 어떻게 생각하는지에 집중돼 있으면 자신을 향한 질문이 전혀 떠오르질 않는다.

다행스럽게도 요즘은 조금만 관심을 기울이면 개인적으로 훈련할 수 있는 다양한 방법을 많이 찾을 수 있다. 각종 유튜브를 통해서 심리 강좌를 듣거나, 각 지자체에서 운영하는 평생학습 프로그램을 이용할 수도 있고, 심리학에 대해 쉽게 풀어놓은 책을 읽으면서 공부를 할 수도 있다. 묵상 훈련을 하거나 일기를 쓰는 것도 좋은 방법이다. 이런 도구들을 통해서 자기를 향해 꾸준히 질문을 할 수 있으면 감정의 신호를 쉽게 알아챌 수 있다.

사랑하기 vs 화내기

젊은 남녀는 데이트를 통해 충분한 수용경험을 하게 된다. 사랑에 빠지면 자꾸 말하고 싶고, 보여주고 싶고, 뭐든 함께 나누고 싶어 한다. 밤새도록 핸드폰으로 대화를 나누면서도 피곤하지 않고, 상대방이 무슨 행동을 해도 다 예뻐 보인다. 이런 것들이 바로 좋은 수용경험이다. 사랑 자체가 일종의 수용경험인 셈이다.

'화내기'는 일종의 뒷담화다. 예를 들어 상사한테 지적을 당해 우울하고 좌절감이 올라왔을 때 퇴근 후 친구들과 만나서 실컷 큰 소리로 상사 뒷담화를 하고 친구들로부터 공감을 받고 나면 뭔가 후련한 느낌이

들 때가 있다. 이것도 일종의 수용경험이다. 나는 내담자가 와서 남편이나 다른 사람에 대한 불평을 터뜨리며 화를 낼 때 충분히 공감해준다.

사람들은 누군가에게 사랑을 받거나 공감을 받으면 자신에 대한 미움이 줄어든다. 일반적으로 우울증을 경험하고 있는 사람들은 상대를 비난하기보다는 자기 자신을 미워한다. 미움이 외부로 나가면 다른 사람을 향해서 화를 내는데, 내부로 들어가면 훨씬 더 심각해진다. 우울증이 깊어지면 극단적 부정의 상태로까지 떨어져 자신을 죽일 수 있을 만큼 스스로를 미워할 수도 있기 때문이다.

우울증이 있는 사람이 수용경험을 통해서 회복되기 시작하면 조금씩 화를 바깥으로 표출하기 시작한다. 우울증을 호소하는 내담자들을 상담하다 보면 이런 경험을 자주 하게 된다. 처음에 울어서 슬픈 감정을 다 빼내게 되면, 억눌렀던 화와 분노의 감정이 힘을 얻고 살아난다. 그런데 이 과정은 반드시 필요하다. 화를 표현하는 과정이 있어야 속에 꾹꾹 눌러놓았던 상처나 오물들이 올라올 수 있기 때문이다. 그런 과정이 없으면 내 속에 뭐가 들어 있는지 알 도리가 없다. 그래서 교양으로 포장하고 겉으로는 우아한 미소만 짓는 사람이 속으로는 더 곪아 있을 수도 있다.

그런데 이때 '화내기'는 남을 공격하면서 화를 내는 것과는 다르다. 남을 공격하면서 화를 내면 다른 사람들에게 상처를 줄 수 있다. 내가 지금 말하는 '화내기'는 남 탓을 하는 것이 아니라, 자신의 화난 마음에 집중하며 화를 내는 행위를 말한다. '생각할수록 열받네. 그런 염치없는 사람이 있다니!', '억울해서 분통이 터진다. 자기들도 똑같이 당하라지' 등등 혼자 실컷 화를 내고 나면 분노가 점점 사라진다. 그때 왜 자신이 화가 났는지 화가 난 이유에 대해서 다뤄야 한다.

사람들이 화를 내는 행위는 자기가 바라고 필요한 것을 다른 사람에게 표현하는 방식이다. 자신이 원하는 것이 있는데 그대로 이루어지지 않아서 화가 난다. 그러므로 화를 잘 살펴보면 내가 바라는 것이 무엇인지 명확하게 볼 수 있다. 사람들은 화를 내면서 자신이 무엇을 원하는지 살펴볼 여유가 없이 그저 화만 내는 경우가 많다. '왜 내가 이 일에 화가 나지?' 하는 질문을 스스로에게 던져보면, 화를 낼 수밖에 없는 이유를 찾을 수 있다. 그 이유가 옳은가 그른가를 떠나 그 사람에게는 그럴 만한 이유가 있다는 이야기이고, 이는 삶의 역사에서 만들어진다.

자기 상처 만나기 - 부모와의 관계 보기

많은 사람들의 역사를 더듬어 찾아가다 보면 대부분 어린 시절의 상처와 맞닥뜨리게 된다. 그 대상은 주로 부모인 경우가 많다. 아무리 사랑과 정성을 다해 자녀를 키워도 자녀 입장에서 보면 완벽한 부모는 없다. 부모의 지지와 관심을 받지 못한 채 폭력과 학대 속에서 상처를 받은 자녀도 있지만, 부모의 과도한 관심과 집착 때문에 상처를 받은 자녀들도 적지 않다.

자녀에게 수용경험을 주지 못하는 부모의 종류를 크게 분류해보면 지배하는 부모, 방치하는 부모, 갈등이 심한 부모 등으로 나눌 수 있다.

지배하는 부모는 자녀들의 일거수일투족을 감시하면서 자신이 원하는 대로 행동하도록 만든다. 만약 자녀가 말을 듣지 않으면 화를 내거나 불안해하는 모습으로 조종을 한다. 어린 시절부터 부모의 지배를 받게 되면, 자녀는 처음에는 부모의 사랑으로 받아들이며 기쁘게 부모가 시키는 대로 행동한다. 하지만 시간이 지나면서 부모가 시키는 대로 행동하지 않으면 야단을 맞는 경험을 하게 된다. 이러한 경험으로 인해서 마음이 좌절된 상태에서 성장을 하게 된다.

이런 상태로 청소년기가 되면 더 이상 부모에게 순종하지 않고, 자신이 원하는 대로 행동하고 싶어 한다. 그러면서 부모와의 마찰이 잦아지고, 좌절을 더 많이, 더 크게 경험하게 된다. 그때 자녀는 권위자를 싫어하는 반사회적 경향을 보이게 된다. 반면 약자에 대해서는 지나치게 관용적 태도를 취하게 된다. 약자를 자기 자신처럼 생각하기 때문이다.

방치하는 부모는 자녀에게 관심이 없거나 바빠서 자녀들을 제대로 돌보지 못하는 부모를 말한다. 가족 중에 환자가 있는 경우에도 부모가 자녀에게 관심을 줄 여유가 없어서 방치하는 부모가 되기 쉽다. 혹은 부모가 맞벌이거나 특별한 이유로 집을 많이 비워야 하는 경우, 자녀 양육에 소홀할 수 있다. 이런 환경에서 자라는 자녀는 모든 것을 스스로 알아서 해결해야 한다. 하지만 미성숙한 자녀의 입장에서는 모든 것을 스스로 생각하고 해결하는 것이 어렵다. 그 와중에 많은 시행착오를 겪게 되는데 아무도 피드백을 해주지 않는다. 그러니 자신이 잘하고 있는지 못하고 있는지 알 수가 없다. 자연히 마음속에 불안과 두려움, 외로움, 공허감이 생긴다. 그러면서도 자신이 뭔가를 해내야만 인정받을 수 있다는 강박관념이 자리 잡아서 일 중심적으로 성장하게 된다.

방치된 자녀는 부모가 자신을 돌보지 않는 이유가 자신을 사랑하지 않기 때문이라고 생각한다. 이러한 생각이 잘못된 생각이라는 것을 확인할 길이 없기 때문에, 자신에 대한 부정적인 이미지를 가지고 성장한다. 동시에 남들에게 인정받고 싶은 마음이 강하기 때문에 현실을 왜곡하거나 과장 또는 축소하는 방식의 생각을 하게 된다. 그래서 작은 일에도 지나치게 예민하거나 때로는 지나치게 신중해지는 등 현실과 맞지 않는 행동이 많아진다.

갈등이 심한 부모는 자녀로 하여금 과도한 불안과 두려움을 갖게 만든다. 부모의 다툼이 심해질 때마다 자녀는 가슴이 쿵쾅거리는 불안 증상을 갖게 되고, 부모의 갈등을 해소하기 위해서 자신이 원하는 것을 포기하는 행동이나 생각, 감정에 익숙해진다. 이런 자녀는 부모의 갈등에 뛰어드는 구원자 경향 또는 갈등을 극도로 싫어하면서 회피하는 경향을 보인다. 이 두 가지 패턴 모두 어린 자녀에게 맞지 않는 행동 유형들이다.

구원자 경향이 두드러진 자녀는 어린아이 때부터 어른의 일에 너무 많이 노출되어 해결할 노력을 하기 때문에 아이다움을 잃어버린다. 흔히 우리가 '어른스럽다'고 말하는 아이들은 구원자 경향을 가진 아이일 가능성이 높다. 이런 자녀는 '애어른'으로 성장을 하게 되고, 성인이 되면 성인아이가 된다. 그래서 지나치게 다른 사람들을 의식하면서 '척'하는 행동을 하거나 자신에게 맞지 않는 행동을 한다. 과장하기, 허세부리기, 모든 것을 다 할 수 있을 것 같은 전능함 보이기 등과 같은 과잉 행동을 하게 된다.

반면에 회피적 성향을 가진 자녀는 성장해서 축소행동을 보인다. 할 수 있는 일인데도 지레 포기하거나, 다른 사람과 작은 갈등이라도 생길 것 같으면 피하는 행동을 한다. 도전하는 일에 쉽게 겁을 내고, 혼자만의 생각과 세상에 빠져서 꿈꾸는 듯한 비현실적인 행동을 보인다.

위에서 말하고 있는 세 가지 경우의 부모를 확인하면서 나는 어떤 부모에게서 자랐는지 생각해보기 바란다. 동시에 지금 나는 어떤 부모인지 생각해보기 바란다.

상처받은 사람들 안에 생기는 것

이렇듯 지배적이거나 무관심하거나 갈등하는 부모와 상호작용을 하면, 자녀는 부모를 미워하게 되면서 동시에 이렇게 부모를 미워하는 자신을 싫어하게 된다.

지배적 부모의 기대에 맞추지 못하는 자녀는 열등감이 생긴다. 부모에게 비난받으면서 자신이 뭐든 잘못하고 실수하는 쓸모없는 사람이라는 느낌이 커지기 때문이다. 그와 함께 자신을 부끄럽게 여기는 수치심 또한 마음 깊이 자리를 잡는다.

무관심한 부모 밑에서 자란 자녀는 혼자서 해결하지 못하는 일이 많아지면서 불안과 두려움이 커진다. 그래서 자신감을 갖고 행동하는 사람을 보면 부러워하는 마음이 생긴다. 동시에 상대적으로 자신은 한없이 초라하게 느껴져서 열등감이 자리 잡는다. 다른 사람들은 다 잘 사는데 자신만 형편없이 산다고 느끼면서 더욱 소극적인 사람이 된다.

갈등하는 부모 밑에서 성장한 자녀는 지나치게 자신을 과장하여 허세를 갖게 되거나, 스스로를 위축시켜서 열등감을 갖는다. 허세가 있는 사람은 다른 사람을 존중하는 마음보다는 사람을 도구로 생각하는 자기애적인 경향을 보인다. 그래서 자신의 말을 잘 듣는 사람을 편애하면서 종 부리듯 한다. 그런데 이들의 깊은 마음속에는 불신과 수치심이 있다.

회피적 경향을 가진 사람들 역시 자신의 정체성을 제대로 갖추지 못한 나머지 지나치게 방어적 태도를 갖고 살아간다. 이런 사람들은 무기력증이나 우울증에 빠지기도 하고, 세상에 초연한 듯 비현실적인 삶을 살기도 한다.

이렇듯 우리는 과거 부모로부터 받은 여러 가지 경험의 여파로 자신도 모르는 사이에 부정적인 자아상을 갖거나 열등감과 수치심에 시달린다. 어른이 되어 성공을 하고 높은 위치에 오르게 돼도 어린 시절에 받은 상처는 여전히 현실의 삶에 영향을 끼친다.

자신에 대해서 부정적인 상을 갖고 살아가는 사람들은 합리적인 생각을 하기가 어렵다. 어떤 상황이 발생하면 이를 객관적으로 바라보지 못하고 자신의 안전을 추구하거나 열등감에 빠져 객관성을 잃어버린다. 모든 것을 열등감에 투영해서 인식하므로 정확한 상황 파악이 어려울 수밖에 없다. 또한 열등감이 올라오면서 다른 사람이 나를 어떻게 볼 것인가에 지나치게 신경 쓰게 된다. 다른 사람에게 지나치게 집중하면 주어진 현실을 인정하고 자신을 있는 그대로 수용하기가 어렵다.

예를 들어 자기도 조금 그렇게 생각하고 있었는데 다른 사람이 뚱뚱하다고 말을 하면, 이 말에 지나치게 신경을 쓰면서 뚱뚱한 자신을 새삼 미워하게 된다. 심지어는 식욕 부진으로 고통받기도 하고 거식증에 걸리기도 한다. 스스로 다른 사람보다 가난하다고 여기고 있는데 누군가 그런 뉘앙스의 말을 하면 무시당하지 않으려고 옷이나 집, 그리고 자동차 같은 것들로 자신의 모습을 포장하려는 경향도 강하게 일어난다. 경제적으로 여유가 되지 않음에도 불구하고 비싼 것들을 소유해서 자신의 열등감을 극복하려고 하는 것이다. 자신을 싫어하고 다른 사람들의 시선을 지나치게 신경 쓰면서 벌어지는 불행한 현상들이다.

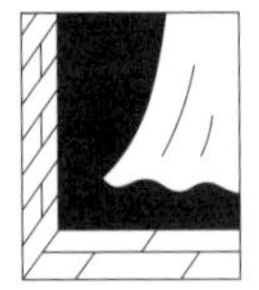

공허한 느낌으로 들어가기

어린 시절의 상처를 마주하게 되면 많은 사람들이 슬픔과 연민에 젖는다. 그래서 울음을 터뜨린다. 그 울음의 과정이 지나면 억울함과 분노가 올라와서 화를 내게 된다.

감정을 표현해야 건강하게 살 수 있다. 기쁨, 불안, 두려움, 분노 등을 어떤 식으로든 밖으로 표현해야 숨을 쉴 수 있다. 인위적으로 눌러 참다 보면 마음의 병이 생긴다. 음식을 잔뜩 먹은 후 배변을 하지 못한다면 어떻게 될까? 마찬가지로 감정의 흐름을 막고 꾹꾹 눌러 참다 보면 언젠가 더 이상 참지 못하는 순간이 온다. 그때 감정은 화산처럼 터져버린다. 공황증세나 우울증이 이런 경우다.

나는 상담할 때 내담자가 충분히 분노하고 화를 표현할 수 있도록 최선을 다해 돕는다. 그것이 다음 단계로 넘어갈 수 있는 힘이 되기 때문이다. 이렇게 화를 폭발시키고 나면 서글픔이 올라오면서도 후련한 느낌을 갖게 된다. "속이 뚫리고 체증이 내려가는 것 같다"고 말하는 내담자도 있다. 자신이 그동안 왜 그렇게 화가 나고 힘들었는지, 이해할 수 없었던 것들이 이해되기 시작하기 때문이다.

공허함과 푹 꺼지는 느낌

수용 작업은 대부분 이전에 내가 갖고 있던 생각이나 감정 속에서 가짜 나를 찾아서 제거하는 작업이라고 할 수 있다. 부모로부터 상처받은 나를 보호하고 감추기 위해서 거품처럼 부풀린(인플레이션) 부분을 찾아서 제거해나가는 과정이 상담이다. 이 작업을 하고 나면 마음에 공간이 생긴다. 내가 옳다고 생각했던 것들이 무너지고 나면 그동안 바라고 원했던 것이 사라지면서 허전하고 푹 꺼지는 느낌이 든다. 공허감이 밀려든다. 이러한 공허한 느낌, 꺼진 느낌을 초월상담에서는 '공간(space)'이라고 한다. 이는 심리적인 공간이며 영적 공간이다. 이 공간이 생겨야 새로운 무언가가 들어올 수 있다.

이러한 공간을 통해서 사람은 다음 단계로 나아갈 수 있는 새로운 동력을 얻게 된다. 새로운 동력이란 새로운 것에 대한 궁금증과 함께 진짜 나를 찾고 싶은 마음이다. 이 마음을 통해서 새로운 나로 발전해나갈 수 있다.

마음의 공간이 고정관념으로 꽉 채워져 있으면, 다른 생각이 들어올 틈이 없으니 수용이 안 된다. 이 공간이 없으면 사람은 아집으로 똘똘 뭉쳐서 이기적으로 살거나, 인간성을 잃어버리기 쉽다. 내가 초월상담 이론[초월상담에 대해서 관심이 있는 사람들은 내가 쓴 책『초월상담의 이론과 실제』(학지사, 2018)를 참고하기 바란다.]에서 마음의 공간을 매우 중요시하는 이유다.

다른 사람과 이야기할 때 자신의 뜻과 어긋나면 반사적으로 말을 튀기며 반박하는 사람이 있다. 이견을 받아들이지 못하는 것이다. 일반적으로 우리나라 사람들은 토론을 잘 못하는 경향이 있다. 상대방의 의견에는 귀 기울이지 않고 오로지 자기주장만 계속 반복한다. 자기 안에 마음의 공간이 없어서 그렇다. 이 공간이 만들어지기 위해서는 내 안에 추구하고 바라는 것들이 무너져야 한다. 내가 알고 있는 것들이 무너져서 그것이 전부가 아니라는 것을 직접 체험해봐야 한다. 그래야 자신이 우상처럼 여기는 가치관 이외에도 다른 것들이 있다는 것을 알게 된다. 그때 사람은 겸손해진다.

큰 고난을 겪은 사람일수록 이런 공간이 크게 생길 가능성이 있다. 물론 큰 고난을 경험하면서 더 큰 문제를 만들어낼 수도 있다. 자신이 가지고 있는 기존의 가치관, 선호도, 방향성 등을 무너뜨리거나 수정하지 않고 고수하면 그렇게 될 가능성이 높다. 그렇게 되면 큰 고난과 고통은 상처로 고스란히 남는다. 이러한 상처는 나중에 많은 증상을 만들어낸다.

깨달음과 성숙의 길로 인도해주는 마음의 공간

인생을 살면서 변화를 꾸준히 추구한 사람들은 자연스럽게 마음의 공간이 넓어진다. 그래서 큰일 앞에서 담대하고 이해심도 넓다. 스님이나 도인들 가운데 이런 마음의 공간이 넓은 사람들이 많다. 그들이 주로 하는 작업이 내면에 있는 것을 비워내는 일이기 때문이다. 씻어내고 비워내면 그만큼 공간이 생기고, 그 공간은 사람을 더 깊은 깨달음과 성숙의 길로 인도한다. 이러한 작업들은 모두 성경에 나와 있는 '마음이 가난한 자'와 관련이 있다.

보통 사람들은 실패하고 좌절하면서 자신도 모르는 사이에 마음의 공간이 생긴다. 그래서 자신과 같이 곤경에 처한 사람들의 마음을 헤아릴 줄 알게 된다. 또 오랜 기간 동안 관계를 지속하다 보면 마음의 공간이 넓어진다. 오래된 친구들은 어떤 일로 싸우다가도 금세 "알았다, 알았어. 그만하고 우리 밥이나 먹으러 가자" 하면서 어깨를 툭툭 치며 싸움을 끝낼 수가 있다. 그만큼 서로를 이해하는 공간이 넓기 때문이다. 공간이 있으니까 돌이키기 쉽고, 거짓으로 쌓아놓은 것이 적으니까 무너뜨리거나 수정하기도 쉽다.

가족끼리 고스톱을 치는 경우를 생각해보자. 옆에서 놀던 어린 조카가 갑자기 깔판을 확 빼면서 판을 흐트러뜨렸다고 가정해보자. 이때 가장 크게 소리를 지르는 사람은 그 순간 막 스리 고를 외치려던 사람이다. 하지만 피박을 쓸 상황이었던 사람은 조카가 도리어 고맙다. 우리의 마음은 이와 비슷하다. 쌓아놓은 것들이 적으면 적을수록 진짜 나로 사는 데 유리하다. 텅 빈 마음을 가진 사람은 자신을 돌아볼 줄 아는 사람이다. 자신이 얼마나 부족한 존재인지를 안다. 그래서 겸손하다. 마음에 공간이 있는 사람들은 재산이 많아도 그것을 제대로 흘려보낼 줄 알고, 지식이 높아도 다른 사람을 무시하지 않고 지식을 통해서 사람을 살리는 생명의 마음을 갖는다.

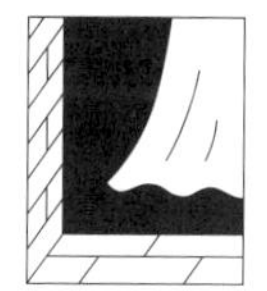

상처가 만든 환상 깨기, 현실 직시하기

어린 시절 상처로 자신의 현실이 초라하게 느껴지고 비참한 기분이 들면, 누구나 이를 부정하면서 벗어나려는 노력을 하게 된다. 사람의 본성은 고통을 회피하고 쾌락을 즐기는 방향으로 설정되어 있다. 자신의 현실이 비참하다고 느낄 때 인간은 자동적으로 이를 회피하고 싶어 한다. 회피하는 방법 중 하나가 상상이다. 비참한 현실을 벗어나기 위해서 현실에 없는 것들을 상상하기 시작한다. 예를 들면 부모가 너무 가난해서 자신이 불행하다고 생각하는 자녀들은 종종 부자인 부모를 상상한다. 냉정하고 위압적인 부모와 사는 자녀들은 따뜻하고 다정한 친구의 부모가 자신의 부모였으면 좋겠다는 상상을 한다. 잠시 상상하고 지나가는 것은 괜찮다. 하지만 이러한 상상이 지속적으로 이루어지면 자신의 현실을 부정하게 된다. 더 불행한 일은 이러한 환상을 현실로 믿어버리는 망상이다. 망상을 갖고 살게 되면 불행한 일들이 많이 벌어진다. 거짓말, 속임수, 바꿔치기, 부정하기 등과 같은 많은 문제 행동들을 서슴없이 일으키게 된다.

앞선 사례 속에 나온 대부분의 사람들이 이런 '거품 환상'과 '자기 속임'에 빠져 산 사람들이다. 친구와 몸싸움까지 벌였던 지혜 씨는 '돈 잘 버는 능력 있는 남편'이라는 환상을 키우며 살았다. 그래서 친구들 앞에서 보란 듯이 자랑하고 싶었다. 하지만 현실은 돈을 잘 벌어다 주지 못하는 남편과 빚에 쪼들리는 삶이었다. 자신의 환상이 현실이 되지 않는 탓을 남편과 엄마에게 돌렸던 지혜 씨. 현실을 받아들일 수 없던 지혜 씨는 극도의 스트레스를 견디지 못하고 끝내 공황증세까지 일으켰다.

앞의 사례에서 친구들과의 모임에서 밥값을 내지 못한 상현 씨는 '돈이 많아서 친구들 밥값을 턱턱 내는 돈 많고 통이 큰' 자신을 상상하면서 환상을 키웠다. 그러자 돈이 없는 현실 속의 자신이 쪼잔하게 느껴지면서 괴로웠다. 교통사고로 딸을 잃은 미진 씨는 '실수하지 않는 완벽한 나'라는 환상을 만들었다. 그래서 실수한 자신을 용납하지 못했고, 불행하고 고통스러운 나날을 보내야만 했다.

어디서나 최고가 되고 싶고 상사의 훈계를 듣고 싶지 않았던 시현 씨는 회사 사람들이 싫어 이 회사 저 회사를 옮겨 다녀야 했다.

이렇듯 많은 사람들이 환상과 현실의 차이만큼 고통을 겪으며 살아간다. 부정적인 감정이 올라올 때, '나는 어떤 환상을 갖고 있기에 지금의 현실이 받아들여지지 않을까?'라는 질문을 스스로에게 던져보길 바란다.

현실을 직시하는 능력은 결코 저절로 생기지 않는다. 이것은 오랜 훈련을 통해서 만들어진다. 자신의 마음에 현실을 직시하는 능력을 키우는 것도 육체의 근육을 키우듯 자기와의 치열한 싸움이 있어야 한다. 비참한 현실을 그대로 직시하고 머무르는 고통을 견뎌내야 한다. 그 고통을 피하려고 거품을 만들고 남 탓을 하고 환상 속에 살면, 결국 언젠가는 인생이 붕괴된다.

환상 깨기와 가슴앓이

현실을 직시하는 능력을 키우는 과정에서 반드시 해결해야 할 것이 환상을 깨는 일이다.

내담자 A 씨는 남편이 말을 함부로 해서 자신이 너무나 비참하다고 말했다. 그녀는 이러한 현실을 벗어나기 위해서 자신의 마음속에 부드럽고 따뜻한 남자를 만들어서 그를 동경하면서 살았다. 그 남자는 A 씨가 자주 보는 드라마 속 주인공과 비슷했다. A 씨는 그 남자와의 삶이 현실에서는 불가능함에도 불구하고 이를 환상처럼 갖고 살다가 깊은 우울에 빠져서 나를 찾게 되었다.

나는 상담을 진행하면서 A 씨의 환상을 깨뜨리기 위해 노력했다. A 씨의 삶에서 부드럽고 따뜻한 남자는 존재하지 않으며, 말을 함부로 하는 거친 남편만 있다는 사실을 직시하도록 했다. 처음에 내담자는 화를 내면서 크게 저항했다. 자신이 인정하고 싶지 않은 현실 속으로 떠밀려 들어가기 싫어서 상담자인 나에게 원망을 퍼부은 것이다.

"교수님, 너무하시네요. 어디엔가는 있을 수도 있는데, 왜 무조건 없다고만 하세요?"

"맞아요. 어디엔가는 있을 수도 있어요. 하지만 지금 A 씨 곁에는 없잖아요? 이게 사실이에요."

"드라마 안에는 그런 남자들이 수두룩해요."

"그건 드라마죠. 드라마는 작가가 만들어낸 가짜예요."

"그래도 어느 정도 현실을 기반으로 만들어내는 거잖아요."

"그렇다고 해도 A 씨의 현실은 분명히 아니죠."

이러한 공방이 수차례 오고 갔다. 이 과정에서 A 씨는 눈물을 흘리면서 자기 성찰의 순간을 여러 번 경험했다. 그리고 그때마다 심리적 고통을 호소했다. 수많은 세월 동안 자신의 마음속에 있던 부드럽고 따뜻한 남자를 포기하는 고통이 그녀에게는 실제 이별의 고통만큼 컸기 때문이다.

이러한 포기의 과정에서 내담자는 마음뿐 아니라 몸으로도 큰 고통을 겪었다. 아침마다 잠이 깨면 가슴의 통증을 느낀다고 호소했다. 어떤 날은 너무 울다가 쓰러진 적도 있다고 했다. 며칠 동안 몸살을 앓기도 했다. 그럼에도 불구하고 나는 상담하는 내내 이 남자가 허상이라는 사실을 강조했다. 움켜쥐고 있던 소망이 모래처럼 손가락 사이로 사라지면서 A 씨에게는 심한 가슴앓이와 함께 더 깊은 공허감과 우울이 찾아왔다. 하지만 이 우울은 처음 A 씨가 내게 찾아왔을 때 겪던 우울과는 다른 종류의 우울이었다. 처음의 우울이 환상이 이루어지지 않는 고통에서 오는 우울이었다면, 두 번째 우울은 현실을 받아들이는 과정에서 오는 고통이었다. 이런 공허감과 우울은 좋은 약이 된다. 환상이 깨지면서 마음의 공간을 만들어주기 때문이다.

마음의 공간이 생기면서 A 씨는 자신의 현실과 남편을 좀 더 객관적으로 볼 수 있는 눈이 생겼다. 그동안 A 씨는 남편이 말을 함부로 하는 사람이라고만 생각했는데, 이 과정을 거치면서 놀랍게도 남편의 그런 말과 행동이 자신의 행동과 관련이 있음을 알게 되었다. 자신이 남편 말에 응대를 하지 않거나 무시하는 눈빛 또는 조롱하는 듯한 입 모양을 보일 때, 남편이 폭발한다는 사실을 알게 된 것이다.

물론 이는 상담을 통해서 남편의 거친 언행이 왜 생기는지, 그리고 내담자와 어떤 관련이 있는지를 꾸준히 보면서 깨닫게 된 사실이다. 내담자는 이 과정에서 많이 놀랐고, 자신도 잘못된 행동으로 남편의 거친 행동을 부추기고 있었음을 깨달았다. 결국 마음의 공간이 그동안 환상에 가려졌던 현실을 객관적으로 보게 만들어준 것이다. 자신의 행동과 남편의 행동이 긴밀하게 연결되어 있음을 깨닫게 된 A 씨는 자신의 행동을 바꾸려고 노력하기 시작했다. 현실에 발을 딛고 남편과의 삶을 새롭게 시작하게 된 것이다.

더 깊은 우울로 들어가라

A 씨의 경우처럼 환상이 깨지면, 사람들은 자신의 비참한 현실에 대해서 화를 내거나 분노한다.

이런 현실 속에서 살고 싶지 않았다고 외치면서 부모나 가족을 미워하고 원망하기도 한다. "사람 위에 사람 없고, 사람 밑에 사람 없다"며 누구는 이런 곳에서 태어나고 싶었냐고 항변을 한다.

그런데 이때 억울해하는 사람들이 꼭 알아야 할 것이 있다. 사람 자체는 평등하고 귀하다. 가난한 사람이든 부자든, 능력이 있든 없든, 지위가 높든 낮든 사람 자체는 귀하고 평등하며 존중받아 마땅하다. 하지만 모든 사람이 처한 현실은 다르다. 모든 인간이 평등하다고 해서 같은 현실 속에서 태어나거나 살지는 않는다. 인간 자체의 평등과 인간이 살아가는 다양한 현실을 같은 것으로 인식하면 안 된다. 이러한 구분을 못 하면 분노가 폭발하고 왜곡된 시선으로 세상을 바라보게 된다. 그래서 바른 시선이 반드시 필요하다. 이러한 구분을 토대로 해서 느낌이나 감정, 생각을 바라보아야 온전한 자기수용이 이루어진다.

현실에 기반을 둔 생각을 하기 시작하면 억울함과 분노는 많이 가라앉는다. 자신이 무엇에 그토록 화가 나 있으며 분노하고 있는지 명확하게 초점이 맞춰지기 때문이다. 현실을 왜곡해서라도 다른 사람들과 같아지려는 부풀리는 마음(팽창)으로 인해서 분노가 생겼음을 알게 된다. 자신의 현실에 맞지 않는 생각을 하기 시작하면 인간의 마음은 팽창하게 된다. 억울함과 분노의 외침은 이러한 팽창이 감정적으로 나타난 현상이다.

평등에 대한 생각을 접고 냉혹한 현실을 마주하기 시작하면 공허감이 밀려온다. 그동안 자신이 원하는 소망 중심으로 살던 사람들은 이러한 소망이 줄어들거나 없어지면서 텅 빈 마음 상태가 된다. 이럴 때 환상적 소망을 계속 생각하는 사람들은 우울에 빠지게 된다. 이러한 우울과 공허를 밀어내려고 하면 불안과 두려움이 생긴다.

그러므로 우울과 공허가 생기면 이를 밀쳐내지 말고 더 깊은 우울 속으로 들어가는 용기가 필요하다. 우울 속에 들어가면 많은 슬픔을 마주하게 되고 자기도 모르게 눈물을 흘리게 된다. 눈물은 인간의 영혼 치유에 꼭 필요한 감정 표현이다. 나는 눈물을 '영혼의 단비'라고 부른다. 억울함과 분노 속에 살았던 마음과 영혼은 척박한 땅과 같다. 척박한 영혼에 단비가 내리면 새로운 것을 심을 수 있게 된다. 빈 마음과 촉촉한 영혼을 가지면 자신의 현실을 제대로 인식할 수 있다. 자신이 그동안 무엇을 위해서 살았는지, 어디로 가고 있었는지가 보이면서 새로운 삶의 좌표를 만들 수 있게 된다.

현실 속에 보이는 새로운 희망 붙들기

현실의 엄중함을 배우는 사람만이 현실을 개선하면서 더 나은 삶을 살아갈 수 있다. 현실의 엄중함은 주어진 현실을 자신의 것으로 받아들이는 자세에서 비롯된다. 이때 다른 사람들이 나보다 더 나은 환경이나 현실 속에 살면서 많은 것을 즐긴다고 해도 그것은 내 것이 아님을 인식하는 노력이 필요하다. 현실을 인식하고 이를 받아들이는 사람들은 자신 안에 중요한 자원을 가진 사람들이다. 이 자원을 가진 사람들은 다른 현실에 노출되어도 또 새로운 것을 만들어낼 수 있는 능력이 있는 사람들이다.

가난한 현실 속에서 살고 있는 사람의 예를 들어보자. 그에겐 두 가지 길이 있다. 가난한 현실을 부정하는 길과 수용하는 길. 가난한 현실을 부정하는 경우, 다른 사람처럼 되고 싶어 하는 충동과 헛된 소망에 빠지기 쉽다. 가난한 현실과 상관없이 남들이 하는 것을 다 하며 살고 싶다. 그래야 제대로 산다고 느낀다. 이러한 마음에 휩싸이면 일확천금을 바라면서 어리석고 무모한 행동을 하기 쉽다. 일거에 자신의 처지를 개선하려는 환상과 충동에 자신을 내주게 된다. 남들과 비교하며 환상을 키우고 거품에 빠진 삶을 살게 된다. 반면 가난한 현실을 수용하면 자신의 현실에서 차근차근 이룰 수 있는 것부터 이루어간다. 환상과 거품이 없기 때문에 부담이 적고 매인 것이 없어 홀가분하다. 가진 것이 없기에 새로 생기는 것들에 대한 기쁨과 감사가 있다. 가진 것이 많은 사람들도 더 많은 것을 갖고 싶은 헛된 소망 때문에 현재를 누리지 못하고 불행하게 사는 경우가 많다. 현재를 누리는 것은 가난과 상관없이 누구나 가질 수 있는 수용이 주는 선물이다.

가난한 현실을 수용한 뒤엔 그 자리에 머무르는 것이 아니라 새로운 좌표, 즉 가난을 극복하는 목표를 세운다. 이를 위해 먼저 자신에게 있는 것이 무엇인지를 알아야 한다. 가난하더라도 유형, 무형의 자산이 있을 수 있기 때문이다. 그것을 기반으로 목표를 설정한다. 가진 것이 아무것도 없다면 내적인 능력을 키우면 된다. 성실, 근면, 정직, 열정, 지혜 등 좋은 품성을 키울 수 있다. 이러한 품성은 당장 재물이나 지위 등과 같은 외적인 것과 바꿀 수는 없지만 장기적으로는 많은 것을 가져올 수 있는 내적 재산이다. 이러한 내적 능력을 꾸준히 키우기 위해서는 다른 사람과 비교하며 헛된 소망이나 충동에 자신을 내어주지 않고 버티는 힘이 필요하다.

결국 자기수용은 자신과의 부단한 싸움이다. 내가 지금 제대로 현실에 발을 딛고 살고 있는지, 아니면 허망한 소망에 휘말려 오락가락하고 있는지 분별하는 능력을 갖게 되면 어떤 어려운 일이 닥쳐도 이겨낼 수 있다. 남을 원망하거나 탓하지 않고 당당하게 내게 주어진 삶을 살아낼 수 있게 되는 것이다.

07

수용의 바다에서 춤추기

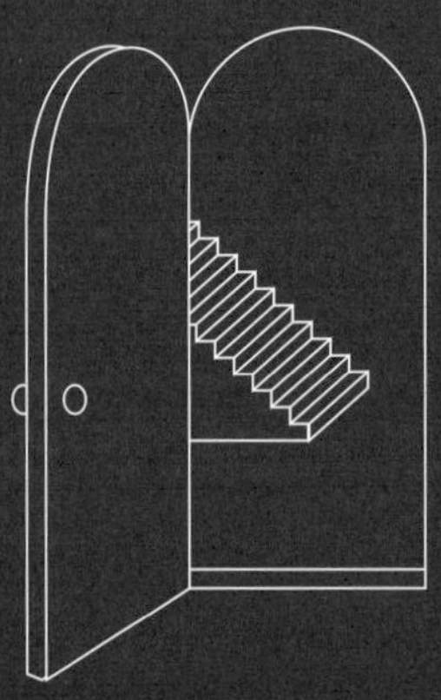

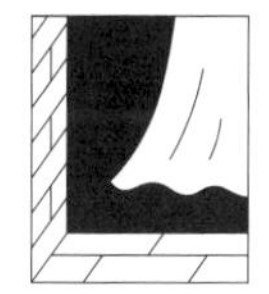

수용, 그 후에 필요한 것

자기수용을 잘못 이해하면 자칫 자기 합리화나 포기로 빠질 가능성이 있다. 수용을 하긴 하는데 잘못하게 되면 "그래요, 난 이렇게 생겼어요. 그러니 저한테 신경 쓰지 마세요. 생긴 대로 살 거니까 상관하지 말라고요!"라는 식으로 반사회성이 나올 수 있다. 반사회성은 말 그대로 '막가파'를 만든다. 사회적으로 문제를 일으키거나 스스로를 소외한다.

자포자기식으로 반응하는 사람들도 있다. "알아요. 난 멍청해요. 뭘 해도 안 되는 인간이라고요" 하며 스스로를 낙인찍어버린 채, 더는 아무 노력도 하지 않는다. 그들은 가짜 자기 실체를 바라본 그 자리에 그대로 주저앉아 버린다. 막가파와 자기 포기는 모양은 다르지만 생각의 구조는 비슷하다. 둘 다 자기 비하로 과녁을 벗어난 것이다.

그래서인지 사회에서는 수용에 관한 주제에 쉽게 접근하지 못한다.

자칫하면 반사회성에 불을 붙여 최악의 경우, 사회가 마비될 수도 있기 때문이다. '막가파'가 판을 치고 기득권층을 적으로 돌리면, 사회에 끔찍한 비극이 일어날 수도 있다. 반대로 자기 포기로 가면 많은 사람이 무기력증에 빠져 사회 전체가 침체될 수 있다. 그러므로 수용은 누가 다루더라도 조심스러운 주제일 수밖에 없다.

사람들이 수용을 잘못 이해해서 막가파로 가는 것은, 수용을 빙자한 또 다른 자기 부풀리기다. 보통은 자신을 끌어올리는 부풀리기를 하는데 이는 다른 사람을 끌어내리면서 자신도 괜찮다고 하기 때문이다. 예를 들어 "그래. 나 무식하다. 어쩔래?"라는 말 속에는 반대 생각의 부풀리기가 있다. '세상에 무식하지 않은 사람이 어디 있냐? 알고 보면 다 무식해. 그리고 네가 첨부터 유식했냐? 부모 잘 만나 공부해서 유식해졌잖아. 나도 부모 잘 만났으면 너처럼 됐을 거야'라는 식의 잘못된 논리가 숨어 있다. 자신은 원래 똑똑한 사람인데 단지 주변 환경이 받쳐주지 않아서 성공하지 못했다는, 교묘한 자기 포장이다.

실제로 그럴 수도 있고 아닐 수도 있지만, 중요한 것은 내 현실이다. 내 현실을 받아들이지 않고 다른 방향으로 해석해서 위안을 받거나 다른 사람을 무시하는 것은 진실을 왜곡하는 것이다. 사실을 사실대로 보지 않고 자기에게 좋은 대로 타인을 자신의 생각 바구니에 담는 것이다. 의외로 우리 주변에는 이런 사람들이 적지 않다.

이러한 방식은 이미 앞에서 언급한 현실 안주를 통한 자기 비하나 현실 부정을 통한 자기 과장이다. 현실에 안주해 자신을 합리화하며 노력하지 않으려는 경향은 자기 비하로 이어진다. 그리고 막가파와 같은 반사회적 태도는 현실을 인정하는 것 같지만 그 속에 자기를 과장하려는 교묘한 이기주의가 숨어 있다. 현실 수용이 이러한 방식으로 가지 않으려면 자신의 모습을 다시 들여다보는 반복적 습관이 필요하다.

거북이가 토끼를 이긴 비결

수용을 하기 위해서는 두 가지가 반드시 필요하다. 하나는 현실이 가져다주는 '대가 지불하기'고 다른 하나는 현실 속에서 '자신의 발판을 발견하기'다.

사람이 자신의 현실을 수용하기 어려운 이유 중 하나가 현실을 인정하면 받아들여야 하기 때문이다. 가난한 사람이 자신이 가난함을 받아들이기 시작하면, 자신이 하고 싶어 하는 많은 것들을 내려놓아야 한다. 가난함에도 불구하고 부유하게 사는 사람들이 누리는 것을 똑같이 누리려고 하면, 가난이 자신이 원하는 것을 방해하는 굴레처럼 느껴진다. 그래서 많은 사람들이 자신은 원하지 않았는데 가난한 집에서 태어났다고 부모를 원망하고 사회를 원망한다. 하나님을 원망하는 기독교인들도 있다. 현실은 가난한데 다른 사람들처럼 살려고 하니까 생기는 현상이다. 현실이 자신이 원하는 것과 다르면 일차적으로 현실이 주는 메시지, 즉 다른 사람들과 같은 생활 수준을 유지하고 싶어 하는 마음을 내려놓아야 한다. 옷도 저렴한 것을 입고 핸드폰도 가능하면 저렴한 것을 사는 등 자신의 현실에 맞게 사는 노력이 선행되어야 한다.

대가를 지불했다면 그다음엔 현실을 딛고 일어설 수 있는 발판을 마련해야 한다. 가난한 사람인 경우에는 자신이 가진 것이 아무것도 없다는 사실을 발판으로 삼아야 한다. 가진 것이 없는 사람은 잃을 것이 없다. 가진 것이 많은 사람은 가진 것을 관리하는 마음을 가져야 하지만, 가진 것이 없는 사람은 생기는 모든 것이 기쁘고 즐겁다. 이런 현상은 심리학에서 말하는 "컵에 물이 반밖에 없네"와 "컵에 물이 반씩이나 있네"의 차이다. 컵에 물이 반 컵 있다면 이 반절이 곧 이 사람의 현실의 발판이다. 가진 것이 없는데 몸이 건강하다면 건강한 몸이 발판이다. 가진 것이 없는데 젊다면 젊음이 발판이 된다. 건강이나 젊음은 가졌으니 이것을 발판으로 삼아 현실에 도전하면서 자신의 꿈을 이루어가야 한다.

이러한 마음을 갖고 살다가도 다른 사람들이 가진 것들을 보면 다시 현실을 부정하고 싶거나 안주하고 싶은 마음이 생긴다. 이때 현실을 부정하며 자기 부풀리기로 가는 사람들은 한시라도 빨리 자신의 현실을 바꾸고 싶어 하는 사람들이다. 한마디로 인생 역전을 꿈꾸는 사람들이다. 그리고 현실에 안주하며 자기 비하로 가는 사람들은 노력하며 살기 싫어서 쉽게 살았으면 하는 마음이 있는 사람들이다. 이렇게 빨리 현실을 바꾸려고 하거나 쉽게 현실에 안주하려고 하는 마음은 언제나 경계의 대상이다.

수용을 했는데도 실제로 삶이 나아지지 않는 이유는, 현실을 하루빨리 바꾸려고 하거나 수용에 따르는 노력을 피곤해하는 마음이 있기 때문이다. 현실의 발판을 딛고 '시간(인내)과 노력'이라는 대가를 지불하면서 빨리 가고 싶고 노력하고 싶지 않은 마음을 수시로 다잡아야 한다.

그리고 주위에 많은 것을 이룬 사람이나 많은 것을 가진 사람이 있다면, 그들을 인정하는 마음도 동시에 가져야 한다. 열심히 공부해서 우등의 자리를 차지하고 있는 학생들의 노력을 인정해줄 필요가 있다. 자신에게 없는 여건을 가진 사람을 인정하고 그 여건 속에서 노력하는 사람을 다 인정할 수 있을 때, 빨리 가거나 안주하려는 마음을 털어낼 수 있다.

토끼와 거북이의 경주를 생각해보자. 거북이가 어떻게 토끼를 이길 수 있었을까? 만일 거북이가 토끼처럼 하려고 했다면 거북이는 토끼를 결코 이기지 못했을 것이다. 거북이는 이미 토끼처럼 뜀박질을 잘할 수 없음을 알고 꾸준히 자기 방식대로 목표를 향해서 나아갔다. 짧은 다리를 인정하고 이를 발판으로 느릿느릿 경주를 했다. 거북이 마음속에도 토끼처럼 날렵하고 긴 다리가 있었으면 하는 마음이 있었을 것이다. 그러나 거북이는 경주하는 내내 이러한 마음을 다스리면서 자신이 할 수 있는 것에 집중하고 그것으로 승부를 걸었다.

거북이가 자신의 현실을 부정하고 토끼처럼 되려고 하는 마음이나 자신은 토끼처럼 뛸 수 없으니 승부는 해보나 마나라는 마음을 가졌다면, 시작할 때부터 거북이는 이미 진 상태였을 것이다. 그러나 거북이는 이러한 마음을 경주하는 내내 다스리고 다스리면서 결국 승리를 거머쥘 수 있었다.

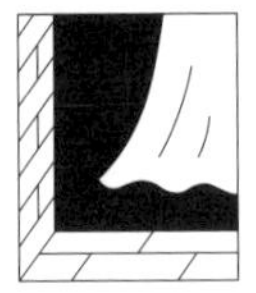

약점을 장점으로 활용하기

자기수용은 자신이 좋아하는 부분만을 받아들이는 마음이 아니다. 수용은 자신이 하기 싫고, 할 수만 있다면 바꾸고 싶은 자신의 무언가를 받아들이는 마음이다.

자신이 싫어하는 부분을 눈 딱 감고 일단 받아들여 보기를 권한다. 그러면 그동안 못 누리던 자유를 누릴 수 있다. 내가 싫어하던 부분을 받아들이면 마음 밭이 저절로 넓어져서 포용력이 생긴다. 그 포용력으로 남을 받아들일 수 있다. 나를 수용하는 사람이 다른 사람도 수용할 수 있다.

예를 들어보자. 몸이 허약해서 늘 약을 달고 사는 사람이 있다. 이 사람이 자신을 받아들이지 못하면 자신과 비슷하게 허약한 사람을 보면 짜증이 난다. 특히 허약한 여자라면 허약한 남자를 싫어하고 기피하게 된다. 그런데 자신의 허약함을 인정하게 되면, 다른 허약한 사람을 볼 때 공감이 되고 도와주고 싶은 마음이 생긴다. 그리고 누군가 아플 때 금방 알아차리고 챙겨줄 수 있다. 남들보다 건강하지 않은 몸으로 사는 것이 싫지만 그런 자신을 수용하면 남을 도울 수 있는 사람이 된다.

내 지인 중에도 몸이 여기저기 쑤셔서 정형외과 치료와 마사지를 자주 받는 사람이 있다. 덕분에 그는 누군가 어깨가 결린다고 하면 금방 안마를 해서 풀어준다. 마사지를 많이 받다 보니 저절로 어디를 만지면 풀리는지 파악하게 된 것이다. 또 의학적인 상식도 풍부해서 누군가 어디가 아프다고 하면 많은 건강 상식들을 알려주기도 한다. 그 사람도 처음엔 몸이 약한 것이 싫고 창피했지만, 그것을 극복하고 받아들이면서 남들까지 도울 수 있는 활용의 단계에 이른 것이다.

또 다른 예로 쉽게 잘 삐지는 사람이 있다. 잘 삐진다는 것은 속이 좁다는 뜻이기도 하지만, 그만큼 예민하다는 뜻이다. 이것이 단점으로 발휘됐을 때는 주변 사람들을 피곤하게 만든다. 하지만 이런 성격이 활용되면 완전히 달라진다. 우선 자신의 삐지는 성격이 수용이 되고 조절이 되면, 다른 사람을 포용할 수 있게 된다. 성격이 예민하니까 다른 사람들의 기분과 감정을 잘 알아채고 공감해줄 수 있다. 그만큼 상대방의 말과 행동이 잘 보이기 때문이다. 그리고 예민한 사람은 사소한 것에도 반응을 하며 깔깔거리고 분위기를 유쾌하게 만들어주기 때문에 함께 있는 사람이 즐겁다. 여성적이고 섬세한 관찰력이 있어서 남의 필요 사항을 금방 알아채서 해결해준다. 이런 사람이 곁에 있으면 주변 사람은 삶이 풍요로워진다. 쉽게 삐진다는 것은 그만큼 상대방과의 친밀감을 원한다는 표현이다. 그래서 처음 보는 사람에게도 금방 마음의 문을 열고 다가간다. 이런 점이 수용돼서 활용이 되면 주위에 꼭 필요한 사람이 되어 많은 도움을 줄 수가 있다.

다른 세상을 볼 수 있다

내담자 중에는 가족 문제로 상처를 받고 오는 사람들이 많다. G 씨는 어머니가 두 분이다. 이런 경우 자녀들은 자신의 정체성에 대해서 혼란스러운 과정을 겪는다.

“다른 사람들은 다 엄마가 한 명인데 왜 나만 엄마가 둘이나 되는지 모르겠어요. 아버지에게 화가 나요.”

G 씨의 반응은 당연하다. 하지만 이런 식으로 자신을 수용하지 않으면 이 문제는 평생 동안 그를 괴롭힐 것이다. 자신뿐 아니라 장래에 자신의 자녀들과 가정에도 영향을 주게 된다.

“엄마가 두 명인 것을 받아들여야 그때부터 당신의 삶을 살 수 있어요.”

“저도 그렇게 살고 싶어요. 그런데 그게 쉽지 않으니까 이렇게 선생님을 찾아왔죠.”

“지금까지 어머니가 둘이라서 불행하고 속상했던 얘기만 하셨는데,

그럼 어머니가 둘이라서 좋은 점은 없었나요? 한번 생각해보세요."

"뭐…… 억지로 찾는다면 찾을 수도 있겠죠. 하지만……."

"네. 찾아보세요."

"사실 제 친엄마가 아닌 큰엄마는 성품이 온화하고 착한 분이세요. 그분은 아이를 낳지 못하셨는데, 그래서인지 저를 볼 때마다 친아들처럼 잘해주셨어요. 친엄마보다 더 잘해줄 때도 있었어요. 용돈도 더 잘 주셨고요."

"그것 보세요. 일찍 엄마가 돌아가셔서 엄마가 없는 사람도 있는데, 당신은 두 어머니가 모두 당신을 아껴주셨네요. 다른 사람보다 용돈도 두 배, 사랑도 두 배나 받았잖아요."

"뭐…… 그렇게 말하면 그런 거죠. 그러고 보니 친엄마한테 혼이 나면 큰엄마한테 달려가서 울었던 것 같아요. 그럼 큰엄마가 우리 엄마를 욕해주셨는데 그때 기분이 좋았어요. 꼭 큰엄마가 내 편인 것 같았거든요."

이것이 활용이다. 스스로 생각을 전환해서 내 약점을 장점으로 활용하는 것이다. 처음엔 어색하고 억지스럽게 느껴지기도 하지만 하다 보면 그것이 나를 살리는 길임을 알게 된다.

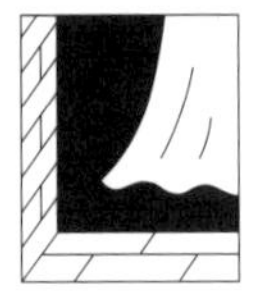

매일매일 하는 수용

수용에도 여러 단계가 있다. 나를 겨우 받아들이는 단계에서부터 온전한 수용의 단계까지 그 깊이와 넓이가 다르다. 수용의 여러 단계를 밟는 동안 기본적으로 자신을 내려놓는 작업은 반드시 있어야 한다. 내 표현으로 말하면 '죽어야' 한다. 죽는다는 의미는 몸이 죽는 것이 아니라, 마음(가짜 자아상)이 죽는 것을 말한다. 내 마음속에 갖고 있던 기존의 틀을 내려놓고 내가 옳다고 합리화하는 가짜 생각들이 죽어야 한다는 뜻이다. 즉, 자신을 보호하기 위해 만들어놓은 가짜 자아를 버리고 비워야 한다. 그리고 더 나아가 그런 가짜 자아를 만들어낸 욕심, 자기중심성, 자기애, 이기심 등도 죽어야 한다. 알에서 나오려면 알을 깨야 하고 공간을 넓히려면 벽을 부수어야 하듯, 자신의 지경을 넓히려면 내 속에 가두어두었던 욕구를 통찰하고 이를 넘어설 수 있어야 한다.

그런데 사람들은 실제로 죽지는 않고, 죽는 척만 할 때가 있다. 이것도 일종의 거품 현상이다. 이런 현상은 교회 같은 종교 단체 안에서 주로 나타난다. 믿음이 깊은 척, 겸손한 척하는데 실제로 마음속은 그렇지 않다. 위장된 겸손이고 온유함이다. 그 안에는 신앙적으로 사람들에게 인정받고 싶은 욕구가 있다. 그래서 속으로는 이혼을 생각할 만큼 심각한 갈등을 겪고 있으면서 교회에 가면 다정한 부부인 척 연극을 한다. 이런 시간이 길어지면 마음과 몸이 병든다. 이렇게 위선적으로 병들면 치료하기가 훨씬 어려워진다. 그럴 바에는 세상 사람들처럼 "나 돈 좋아해요", "우리 부부는 매일 싸워요" 하면서 자신의 속내를 드러내고 사는 것이 훨씬 더 건강하다.

사람마다 죽어야 하는 주제가 다르다

어떤 사람은 베일에 싸인 듯 자신에 대해서도, 타인에 대해서도 전혀 입을 열지 않는다. 과묵하다거나 다른 사람들의 이야기를 뒤에서 하지 않는 것과는 좀 다르다. 꼭 해주어야 할 이야기를 하지 않아서 다른 사람을 곤경에 처하게 하거나, 중요한 일을 그르치게도 한다. 이런 사람은 중요한 사실을 숨기면서 안전해지려는 마음의 욕구가 있다. 불안해서 그렇다. 그러므로 이런 유형의 사람들은 말을 하지 않게 만드는 그 불안함을 죽여야 한다.

반면에 너무 솔직하게 자신을 오픈하는 사람도 있다. 때와 장소를 가리지 않고 솔직하게 말해서 듣는 사람을 불편하게 만들고 때로는 본인이 낭패를 겪기도 한다. 이런 사람 속에는 '솔직해야 좋은 사람'이라는 주제가 있다. 혹은 솔직하지 않으면 견딜 수 없게 만드는 상처가 있을 수도 있다. 이것도 일종의 자기 의로움이다. '나는 의롭다, 누구보다도 솔직하다, 숨기는 것이 없다, 나는 순수하다. 이런 나를 누가 정죄하랴?' 이런 정당함이 그 속에 버티고 있다. 그러다 보니 공적인 기밀 사항들까지 누설해서 조직에 피해를 주기도 한다. 이 사람은 솔직함을 통해 자신을 부풀리고 있다. 이런 자신과 직면해야 한다. 자기의 이런 솔직함이 어디에서부터 올라왔는지 인식하고 이 마음을 죽여야 한다. 꼭 모든 상황에서 솔직하지 않아도 되고, 솔직할 수도 없는 현실을 받아들여야 한다.

이렇듯 사람마다 죽어야 할 것과 살아야 할 것이 다르다. 내 내면에서 죽어야 할 것을 알고 찾아서 죽이는 작업은 성장과 성숙을 가져온다.

내가 죽여야 할 부분은?

물론 나에게도 죽어야 할 부분이 있다. 교만이다. 나는 후배가 나에게 치받고 올라오는 것을 잘 못 봐준다. 회의를 주재하는데 내 의견에 누가 반대 의견을 말하면 화가 난다. 특히 나보다 아래라고 생각하는 후배나 부하 직원이 반박을 하면, 더욱 화가 난다. 내 부족함이다.

다른 책에서도 쓴 적이 있는데, 예전에 청소년상담원에서 부장으로 일할 때였다. 우리 부서에는 박사인 나와 여러 명의 석사가 있었다. 업무 회의를 하다 보면 종종 내가 낸 의견에 반박하는 사람이 있었는데 기분이 영 좋지 않았다.

어느 날 나는 회의가 끝난 후 조용히 생각해보았다. '내가 조금 전에 후배 팀원이 반박했을 때 왜 그렇게 화가 났을까?' 잠시 후에 적나라한 속마음이 낚싯줄에 걸리듯 올라왔다. '내가 박사학위를 받고 너보다 아는 게 더 많은데, 석사 주제에 반대를 해?'라는 마음이었다. 나는 깜짝 놀랐다. 그리고 몹시 부끄러웠다. 평소에 나는 스스로 겸손하다고 생각했다. 그런데 알고 보니 착각이었다. 때로 사람들을 만날 때 내가 아는 상담 지식을 이야기하면서 다른 사람보다 낫다고 여길 때도 있었다. 교만함, 이게 내가 죽여야 할 주제다.

이걸 다루려면 고통스럽다. 스스로의 교만을 인정하는 것은 아주 힘들다. 내 안에는 근본적으로 남보다 낫고 싶은 마음이 있다. 차별하는 마음이다. 나뿐만 아니라 누구에게나 다 있는 마음이다. 이런 마음이 일어나는 이유는 우리가 작은 존재이기 때문이다. 차별을 해서라도 자신을 높이 추켜세우고 싶은 것이다.

겸손해지려고 노력하는데 어느 순간 교만한 자신과 마주친다. 그런데 그래도 괜찮다. 교만해도 괜찮다. 화를 내도 괜찮다. 그런 나를 알고 받아들이고 성숙시키며 살아가면 된다. 수용은 이런 면에서 영적 분투(spiritual struggle) 작업이다. 매일의 영적 분투가 없으면 수용이 일어나지 않는다. 사회도 가정도 개인도 마찬가지다. 수용은 나, 가족, 사회, 인류와 씨름하는 작업이다. 그래서 위대한 작업이다.

그렇게 살다 보면 우리는 어느 순간 중얼거리듯 이렇게 고백할 날이 오게 될 것이다.

"나는 내가 괜찮다. 나는 지금 내가 참 좋다."

에 | 필 | 로 | 그

죽고 싶어도 괜찮다

우리는 죽고 싶은 마음이 들면 큰일 난다고 생각한다. 그런 생각은 하면 안 된다고 믿는다. 내담자 중에는 죽고 싶은 마음과 싸우다가 오는 사람들이 꽤 있다. 그때 나는 말해준다.

"죽고 싶은 마음이 생겨도 괜찮아요. 사람은 죽을 수 있다는 생각을 가져야 삶을 제대로 살 수 있어요."

그러면 내담자는 잠시 얼떨떨한 표정을 짓는다. 절대로 그런 생각을 하면 안 된다고 말릴 줄 알았기 때문이다. 죽음 앞에 서면 사람은 겸손해진다. 그동안 무작정 좇던 욕망으로부터 벗어나 무엇이 자신의 인생에서 가장 소중한 것인지 생각할 수 있게 된다. 그래서 삶을 정돈하고 다시 살 수 있는 힘이 생긴다.

남녀가 만나 죽고 못 사는 사랑을 하다 헤어져도 괜찮다. 인생을 살아본 사람들은 안다. 헤어지면 이 세상이 끝날 것 같지만, 그러지 않는다는 사실을. 얼마간은 고통 속에 헤매기도 하겠지만, 언젠가는 일상으로 돌아오게 된다. 다시 밥을 먹고, 일을 하며 살아간다.

부부 사이에서도 헤어지고 싶은 마음이 생겨도 괜찮다. 헤어질 수도 있다는 마음이 있어야 더 오래갈 수 있다. 헤어지고 싶은 마음 때문에 불안해하거나 죄책감을 가질 필요는 없다. 절대로 헤어질 수 없는 사이라고 생각하면 늘 옆에 있는 사람이라고 여겨 상대를 함부로 대하기도 하고, 두 사람이 함께하는 순간이 얼마나 소중한지 모를 수도 있다. 부부가 헤어질 수도 있다고 생각하면 함께 있는 것이 당연한 일만은 아님을 알게 되어 더욱 감사해진다.

"그래도 괜찮아"라는 말의 힘

'화내면 안 돼, 싸우면 안 돼, 창피당하면 안 돼' 등등. 혹시 지금 그러면 안 된다는 생각에 걸려 있는 것들이 있는가? 화가 나도 괜찮고 싸워도 괜찮고 창피해도 괜찮다. 인간은 상처받기 쉬운 연약한 존재라 다 그러고 산다.

'난 바보 같아, 스펙이 없어, 이생망(이번 생은 망했어)이야'라고 생각하고 있는가? 똑똑하지 않아도 괜찮고 스펙이 없어도 괜찮다. 그걸 인정하고 '진짜 나'로 살면 그게 정말 잘 사는 인생이다.

사실 이 말은 이 세상의 모든 부모에게 꼭 필요한 말이다. 앞서 수많은 사례에서 보았듯이 많은 자녀들이 부모로부터 상처를 받는다. 그 상처가 어른이 돼서도 자녀를 옭아매고 제대로 자신을 수용하며 살지 못하게 만든다. 부모가 자녀에게 "그래도 괜찮아"라는 말을 해준다면 자녀는 내면이 건강한 어른으로 자랄 수 있다. 현실 속에서 부족하거나 어려운 일이 닥쳐도 회복할 힘을 갖는다. 그만큼 이 말이 갖는 힘은 어마어마하다. 그런데 현실 속에서 부모들은 이 말을 해주기가 참 힘들다. 그래서 잘 안 해준다.

"절대 안 돼!", "다시는 그러지 마!", "너 그러면 진짜 큰일 난다", "너 때문에 내가 못 살아!"

어렸을 때 이런 말을 듣고 자라면 정서적으로 굉장히 불안해진다. 부모의 한 마디 한 마디가 아이에게는 위기이며 위협이고 공포다. 병아리처럼 나약한 존재로서 얼마나 두렵겠는가. 이제부터라도 부모들이 자녀에게 이렇게 말해줬으면 좋겠다.

"그래도 괜찮아. 넘어져도 괜찮아. 실수해도 괜찮아. 점수 떨어져도 괜찮아. 네가 내 아들이고 딸인 게 네 점수보다 훨씬 더 중요해."

* * *

언젠가 본 외국영화에서 아주 감동을 받은 장면이 있다. 뛰어가다가 넘어져 울고 있는 아들 곁에 엄마가 쪼그리고 앉아서 눈을 맞추며 이야기하는 장면이었다. 그 엄마는 다정한 목소리로 말했다.

"네가 왜 넘어졌는지 잘 생각해봐. 네가 넘어진 건 다시 일어나려고 그런 거야. 넘어져도 괜찮아. 너 혼자 일어날 수 있어." 아이는 엄마의 보호 아래서 천천히 자기 힘으로 일어섰다. 엄마는 그런 아이에게 칭찬을 아끼지 않았다.

아이는 스스로 일어난 자신이 뿌듯하고 기쁘다. 그 아이는 더는 넘어지는 것이 두렵지 않다. 또 넘어지더라도 일어서면 되니까. 독립심이 자라는 것은 당연하고, 그 아이는 살아가면서 실패가 두렵지 않은 넉넉한 자신감이 생긴다. 힘든 상황에서도 자신을 받아들이는 힘이 생긴다. 그것이 아이에게 돈으로 살 수 없는 귀한 재산임은 두말할 나위 없다.

그리고 이건 성인이 되어도 마찬가지다. 성인이 되면 기다려주는 엄마 역할을 스스로가 해줘야 한다. 이 책이 독자가 스스로 엄마 역할을 하는 데 도움이 되기를 바란다.